SPORT
VERLAG
BERLIN

Willy Voet

GEDOPT

Der Ex-Festina-Masseur packt aus.
Oder: Wie die Tour auf Touren kommt.

Aus dem Französischen
von Stefan Rodecurt

Sportverlag Berlin

Titel der französischen Originalausgabe im Verlag Calmann-Lévy:
Massacre à la Chaine – Révélations sur 30 ans de tricheries

Zweite Auflage

Umschlaggestaltung: Volkmar Schwengle/
Buch und Werbung, Berlin
Titelfoto: dpa-Sportreport

Satz LVD GmbH, Berlin
Druck und Bindung: Clausen & Bosse, Leck
Printed in Germany 1999
ISBN 3-328-00858-6

Gedruckt auf alterungsbeständigem Papier
mit chlorfrei gebleichtem Zellstoff

Inhalt

Zu diesem Buch

Eine kleine Meldung blieb fast unbeachtet in der großen Vorfreude auf die Tour de France 1998. Niemand ahnte, daß sie eine Lawine auslösen würde, die das Fortbestehen des modernen Radsports gefährden könnte. Am 8. Juli 98 verlautbarten die Nachrichtenagenturen: »An der belgisch-französischen Grenze wurde in der Nähe von Lille ein Pfleger der Festina-Mannschaft festgenommen. Er befand sich auf dem Weg zum Tour-Start nach Dublin. In seinem offiziellen Team-Auto fanden die Zollbeamten 400 Ampullen mit Dopingmitteln.« Der Name dieses Pflegers: Willy Voet.

Der Belgier war bis zu diesem Tag nur Insidern des Radsports ein Begriff, obwohl er schon seit 38 Jahren der Szene angehörte. Willy Voet wurde am 4. Juli 1945 in Malines im flämischen Teil Belgiens geboren. Im Alter von 15 Jahren begann er eine Karriere als Amateur, die ohne nennenswerte Erfolge acht Jahre später zu Ende ging. Er begann eine Ausbildung als Bewegungstherapeut und hospitierte bei Sportärzten. In dieser Zeit lernte er Jean de Gribaldy kennen, den »Grafen«, der bei verschiedenen Profi-Teams mitmischte. 1972 gelang Voet dank dieses guten Kontaktes der Einstieg ins Profi-Milieu. Er wurde *soigneur*, eine Mischung aus Masseur, Betreuer, Zeugwart und Krankenpfleger. De Gribaldy, der zu dieser Zeit gemeinsam mit dem früheren belgischen Weltmeister

Briek Schotte für Sem France-Loire zuständig war, gab ihm einen zunächst befristeten Vertrag. Willy Voet arbeitete dann anschließend bei Teams wie Safir, Flandria und RMO, knetete die Beine von insgesamt 600 Rennfahrern, darunter Stars wie Freddy Maertens, Sean Kelly, Marc Madiot und Charly Mottet. Dabei kooperierte er eng mit Bernard Sainz (»Dr. Mabuse«) und Bertrand Lavelot (»Der Advokat«), die mittlerweile wegen ihres ausschweifenden Dopinghandels in Frankreich vor den Kadi mußten.

Bei der Weltmeisterschaft 1990 im japanischen Utsunomiya lernte Willy Voet dann einen jungen Amateurrennfahrer kennen: Richard Virenque. Als Voet 1993 zur Festina-Mannschaft kam, wurde er dessen persönlicher Pfleger und väterlicher Freund, kümmerte sich aber auch um Laurent Brochard und Laurent Dufaux. »Kümmern« bedeutet in diesem Fall: Muskeln massieren, Verpflegung zubereiten, Aufputschmittel besorgen. Deshalb fuhr Willy Voet mit voller Ladung im Auto Richtung Dublin zum Start der Tour de France. Das Festina-Team sollte zum großen Gegenspieler der Telekom-Mannschaft um Jan Ullrich werden. Mit allen Mitteln wollte Richard Virenque seine erste Tour gewinnen. Mit allen Mitteln – weswegen nun die französische Justiz gegen mehr als ein Dutzend Personen aus dem Bereich des Profiradsports ermittelt.

Willy Voet wurde als erster verhaftet und dadurch in der Szene zum Geächteten. Er lebt heute mit seiner Frau Sylvie und seinen zwei Kinder in einer kleinen Mietwohnung südlich von Grenoble. Seine einzige Einnahmequelle bilden Interviews, die man für rund 2500 DM bekommen kann. In der Radsportszene wird er als Nestbeschmutzer betrachtet, weil er sich nicht mehr an die Spielregeln hält. Es bleibt ein fader Beigeschmack, wenn einer auspackt, der 26 Jahre lang selbst ein Aktivist des Doping-Syndikats war. Um seinem Sohn »wieder offen in die Augen blicken« zu können, hat Willy Voet dieses Buch geschrieben. Es ist die Sicht eines einzelnen, der aber sicher keinen Einzelfall darstellt. Das Buch von Willy Voet eröffnet einen erschütternden Blick hinter die Kulissen des Radsports. Ein Sumpf kommt zum Vorschein, in dem diese wunderbare Sportart versinken kann, wenn dieser Morast aus Doping und Lügen nicht endlich trockengelegt wird. Einen kleinen Beitrag dazu könnte dieses Buch leisten.

Hagen Boßdorf

Prolog

Meine Entscheidung war alles andere als leicht: Sollte ich über die Dopingwahrheit im Radsport – richtiger: Verschleierung – schreiben oder nicht? Sollte ich das ungeschriebene Gesetz des Schweigens nach dreißig Jahren brechen? Sollte ich über das Spielchen hinter den Kulissen berichten? Immerhin gehörte ich seit langem zur Staffage. Nein, Sie dürfen es mir glauben, das war alles andere als leicht! Und ich höre schon die bissigen Rufe von den Rängen: Spielverderber, Nestbeschmutzer, Totengräber. Ja, so könnte man durchaus reagieren, wenn man wegschauen will, sich über die Hintergründe hinwegsetzen möchte. Nach dem Credo: Hauptsache, es rollt – das Peloton beziehungsweise das Geld, gewöhnlich beides. Man sollte aber den Einsatz bedenken.

Die nachfolgenden Etappen habe ich für Sie weder aus Revanchegelüsten noch aus Verbitterung aufgezeichnet. Es handelt sich dabei inhaltlich auch nicht um aufgeschnappte Gerüchte, sondern um Geschehenes, das ich selbst erlebt habe. Der Radsport ist meine Welt, eine Welt für sich, in der ich seit 1972 lebe, wenn auch »nur« im Troß. Die Szene ist mir deshalb sehr vertraut, und ich kann – ohne Übertreibung – in acht von zehn Fällen an winzigen Anzeichen ablesen, ob jemand mit Wasser fährt oder »etwas im Tee« hat. Diese Symptome sind für Dritte in aller Regel nicht wahrnehmbar.

Mit dem vorliegenden Buch, so ehrlich es auch ist, werde ich mir kaum Freunde machen. Etlichen wird es ein Dorn im Auge sein. Mehr noch: Es wird schockieren. Gar manche aus der Szene haben mir in letzter Zeit die Stange gehalten und mich zu dieser Publikation ermuntert, andere aus der Zunft der Schweiger hielten sich bedeckt und kehrten mir demonstrativ den Rücken. Ich denke auch an jene Leute, die ihr Gewissen beschwichtigen oder beim Blick in den Spiegel zur Seite schauen. Aus Furcht? Aus eigenen Interessen? Sie tun mir leid.

Nein, es ist nicht leicht, schmutzige Praktiken zu enthüllen! Und vieles gab es zu vertuschen. Nein, es ist nicht leicht, auszupacken und sich der Öffentlichkeit zu stellen, da die Gutgläubigkeit und Begeisterung der Menschen mißbraucht worden sind. Häufig fragte ich mich: Hast du das Recht, etwas zu tun, das vor dir niemand gemacht hat? Kannst du die Bürde auf dich nehmen, das ungeschriebene Gesetz des Schweigens zu brechen? Wer bist du eigentlich, der jetzt das hochtourige Peloton zur Ader läßt, das gern bei jedem Anlaß, noch dazu augenzwinkernd, auf einen eingehaltenen Hämatokritwert verweist? Hättest du dieses Buch überhaupt geschrieben, wenn du an jenem 8. Juli 1998 den Zoll unbeschadet passiert hättest? Ich habe über alle diese Fragen nachgedacht – und gezögert. Ich gestehe ein, daß ich ohne den Polizeigewahrsam, ohne meine sechzehntägige U-Haft niemals zur Besinnung gekommen wäre. Gewohnheit, Routine und Bequemlichkeit sind Hemmnisse. Ich wurde mir bewußt, daß dieser Vorstoß einfach notwendig war. Auch auf die Gefahr hin, Legenden zu zerstören oder Wunden aufzureißen.

Wer den Radsport wie ich über alles liebt, wird feststellen müssen, daß trotz »Hubraum«-Begrenzung das PS-Tuning weitergeht. Es ist nicht mehr »mein« geliebter Radsport, jener aus besseren Tagen.

Schlimmer noch: ihm sind seine ideellen Werte abhanden gekommen. Es ist höchste Zeit, Irrtümer einzugestehen, um latente Krankheiten besser diagnostizieren und – so hoffe ich – heilen zu können. Zudem spürte ich die Notwendigkeit, mich vor meinen Angehörigen zu erklären, ihnen zu zeigen, daß ich nicht der Buhmann bin, als den mich gewisse Medien gern hinstellen. Außerdem: Meine Kinder sollen das Gerede abschmettern und Beschimpfungen abprallen lassen können. Jemand aus der Radsportszene mußte dieses Solo wagen. Ein Solo ohne Skrupel, ohne Scham, ohne Konzessionen. Mein Buch ist ein Streifzug durch die Doping-Vergangenheit und -Gegenwart. Von A wie Amphetamin bis Z, dem internen Code bei Festina für Wachstumshormone. Bekanntlich wurde ich von dem Rennstall, in dem ich meiner Passion nachging, ausgemustert. Wohlgemerkt, ohne jegliche Begründung. Inzwischen zog auch der Französische Radsportverband nach: drei Jahre Berufsverbot, was in meinem Alter soviel wie lebenslänglich bedeutet. Ich war der vielzitierte Sündenbock. Nachdem die Spitze des Eisberges sichtbar war, legte man mich auf Eis. Eine unkomplizierte Lösung. Doch Menschen meines Schlages gibt es viele. Allerdings war ich der erste, der das ungeschriebene Gesetz des Schweigens brach.

Ich bin 54 Jahre alt, habe meinen Job verloren. Gesundheitlich bin ich angeschlagen und komme ohne Schlafmittel nicht mehr aus. Trotzdem träume ich davon, daß mir mein Sohn Mathieu eines Tages glorreiche Geschichten von den Helden der Landstraßen erzählen wird, die wirklich sauber in die Pedale traten. Seit einem Jahr stehe ich unter polizeilicher Kontrolle, und dennoch bin ich frei. Viel freier als jene, die mit schlechtem Gewissen im Rennsattel sitzen.

I. Kapitel

Schampus, Infusionen und das Gemüsefach …

Hier soll die Rede von einer Dienstreise sein, die, strenggenommen, gar keine war. Von Festina gab es traditionell immer Ende Juni/ Anfang Juli eine Wochenendeinladung. So auch 1998. Wer jährlich mehr als 200 Tage landauf, landab – einer ambulanten Wanderzirkustruppe gleich – verbringt, für den ist die gesellige Zusammenkunft der Festina-Familie ein willkommener Anlaß. Meine eigene Familie besteht aus meiner Frau Sylvie und den zwei Kindern. Und den (eigentlichen) Anlaß bildete die Französische Meisterschaft. Dieser rein nationale Wettkampf war für mich – Flame mit französischem Wohnsitz – klarerweise ein Highlight.

4. Juli 1998: Am Vortage der Meisterschaft fuhren wir gegen 7 Uhr von zu Hause in Veynes (Hautes-Alpes) los. Sylvie steuerte notgedrungen den Renault 21, denn nach vier Geschwindigkeitsübertretungen war mir die Fahrerlaubnis im Dezember 1997 für sechs Monate entzogen worden. Seitdem ließ ich mich chauffieren. Mathieu und Charlotte saßen hinten. Ich war froh, unterwegs nach Clermont-Ferrand zu sein, zumal ich Geburtstag hatte. 53 Lenze, immer auf der Überholspur.

Wir kamen gegen 11.30 Uhr im *Inter Hôtel* an. Die Festina-Fahrer waren noch unterwegs auf einer Trainingsausfahrt. Ich plauderte ein wenig mit Cyrille Perrin und Patrick Jean, unseren Mechanikern. »Die Jungs müßten eigentlich gleich zurück sein«, bekam ich gesagt. Zwei Stunden Trainingsdauer in etwa seien anberaumt.

Eine erste Gruppe traf dann auch alsbald ein: Hervé, Moreau, Brochard, Rous und Virenque, die französischen Fahrer für die Tour de France.

»Und die anderen, wo stecken sie?«

»Die sind sicher im Anrollen …«

Die meiste Zeit über war die Festina-Mannschaft in zwei Gruppen geteilt: erste und zweite Garnitur. Die Elite-Fahrer etwa bestritten die Tour, die anderen »durften« bei weniger bedeutenden Radsportereignissen in die Pedale treten. Zur zweiten Gruppe gehörten Bassons, Halgand, der kleine Lefèvre, Médan und Laurent. Diese »Hackordnung« bestand auch bei Tisch. Für mich zwar ein gewohnter Anblick, aber nicht für meine Frau. »Tolle Stimmung«, flüsterte sie mir leicht geschockt zu.

Ich stellte Sylvie und meine Kinder erst einmal den neu verpflichteten Fahrern vor. Dann holte ich das Gepäck und Material einschließlich der Massagebank aus dem Wagen. Die Bank brachte ich noch vor dem Essen auf das Zimmer. Nach der Mahlzeit massierte ich Virenque, Brochard und Rous. Der Nachmittag verlief ansonsten geruhsam.

Es folgte der gemeinsame Abend. Die Mannschaft verteilte sich im großen Saal auf vier Tische. Am ersten saß der A-Kader und dessen Familien; die Besatzung des zweiten Tisches spiegelte genau das wider, was im Fußball die Ersatzbank darstellt. Der weibliche Anhang drückte auch die Bank. Schließlich unser Tisch, eine Art Katzentisch für erwachsene Pfleger und Mechaniker; wir, die »Schüttler« und »Schrauber«, waren wohlgemerkt Hinterbänkler. Dann die Festina-Führungsriege: Teamchef Bruno Roussel, sein Assistent Michel Gros und Manager Joël Chabiron – alle in Damenbegleitung. Falls die Räumlichkeiten zu keiner Umbesetzung zwangen, war diese Tischordnung für eine Saison vorgegeben.

Ich bestellte zum Dessert Champagner. Einen Geburtstag, selbst am Vorabend eines Rennens, sollte man nicht auslassen. Der Ober trug Schwarzwälder Kirschtorte auf, die Bruno Roussel bestellt hatte. Meine Schützlinge sangen und stießen auf mein Wohl an. Pascal Hervé und Richard Virenque gratulierten persönlich.

Nach dem Essen bereitete ich mit Laurent Gros jr., einem Pfleger, die Trinkflaschen vor. Generell werden sie mit einem Schuß Sirup und Wasser oder einem Energiedrink gefüllt. Danach machten wir noch die Verpflegungsbeutel fertig. Gegen 22 Uhr ging ich auf mein Zimmer. Die pharmazeutische Versorgung der Fahrer auf den Zimmern mußte wegen der Ehefrauen ohnehin verschoben werden.

Für das Rundstreckenrennen in Charade sah die »Marschtabelle« pro Mann wie folgt aus: 1 intramuskuläre Cortison-Injektion sowie ins Gesäß gespritzte 10 mg Kenacort. Beide Substanzen sind im Urin nicht nachweisbar. Bei Blutkontrollen kann der Mediziner zwar eine Anomalie feststellen, aber nicht mit Bestimmtheit nachweisen, daß es sich um exogenes oder endogenes Cortison handelt, weil die Nebendrüsen natürliches Cortison produzieren. Das ist mit ein Grund, weshalb die Radprofis schwören, daß sie sauber sind. Am Ende glauben sie es gar. Sie lügen sich in die eigene Tasche getreu dem Motto: Nicht nachweisbare Dopingeinnahmen können gar nicht stattgefunden haben.

Gespritzte Corticoide sorgen dennoch für bizarre Effekte: Die Funktion der Nebendrüsen setzt aus. Hochgedopte Sportler leiden deshalb unter Mangelerscheinungen – insbesondere an Kalziumdefiziten. Ihr Immunsystem ist zudem geschwächt. Nach einer Fraktur etwa verläuft der Heilungsprozeß sehr langwierig. Langzeittherapien mit Cortison sind tickende Zeitbomben. Aber darüber zerbrachen wir uns nicht weiter die Köpfe, genausowenig wie über die Dopingkontrolle. Was uns viel mehr beschäftigte, war die optimale Injektionsdosierung. Die Tour stand kurz bevor, und da sollte die Cortisondosis eher an der Untergrenze angesetzt werden. Denn der Cortisonspiegel steigt während eines rund sechsstündigen Rennens rapide an, fällt aber danach schnell. Zeitpunktgenauigkeit, auf die es ankommt.

Nach den Injektionen kontrollierte ich den Hämatokritwert*: Brochard hatte 47, Rous 49,7, Virenque 50,2 und Pascal Hervé 51,3 Prozent; der von Christophe Moreau lag indes bei genau 48. Offen gestanden, diese hohen Werte waren aus zwei Gründen keine Überraschung. Der erste: In einer Woche würde die Tour de France gestartet werden. Je näher dieses Großereignis rückte, desto mehr mußte sich der Hämatokritwert beim zulässigen Grenzwert von 50 Prozent einpendeln, den der Internationale Radsport-Verband (UCI) mit Sitz in Lausanne 1997 einführte. Im Rennen braucht der Wert dann nur noch stabilisiert zu werden. (Anm.: Deutsche Studien belegen, daß der Hämatokritwert bei Rundfahrten sinkt, wenn nicht »nachgebessert« wird.) Bei beispielsweise 45 Prozent ist es unmöglich, den Blutwert während der Rundfahrt in die Höhe zu treiben, da der Fahrer zu viele Energien verbraucht. Der zweite Grund: Jeder Festina-Fahrer

* Hämatokritwert: Der Anteil von roten Blutkörperchen an der Gesamtblutmenge einer Blutprobe.
Hämatokritgrenzwert: »Hubraumbeschränkung« – der Anteil von roten Blutkörperchen am Gesamtblut darf 50 Prozent nicht übersteigen. Ein höherer Wert läßt zwar auf den Gebrauch des blutbildenden, synthetischen Hormons EPO schließen, ist aber mit standardisierten Tests noch nicht nachweisbar. Die zweiwöchige Zwangspause mit Lizenzentzug wird von der UCI lediglich aus Gesundheitsgründen verordnet. Der Fahrer gilt demnach als nicht gesperrt, sondern nur als vorübergehend wettkampfuntauglich und nicht als gedopt. Italienischen Langzeitstudien zufolge beträgt der durchschnittliche Hämatokritwert bei Spitzensportlern zwischen 42 und 44 Prozent.

wollte auf Sieg fahren, allen voran Virenque. Für ihn war die Meisterschaft auf diesem anspruchsvollem Rundkurs sogar ein erstes, wichtiges Saisonsziel.

Um den Kontrolleuren bei einer unangemeldeten Visite im Morgengrauen ein Schnippchen schlagen zu können, hatte ich alles organisiert. Routine, eingespielt wie wir waren. So hatte ich Natrium-Infusionen auf die Hotelzimmer meiner Schützlinge verteilt, Wasser in 1-Liter-Plastikflaschen, das mit 0,09 Prozent Natrium versetzt war. Vorsichtshalber wickelte ich die Behälter in Handtücher ein und schob sie unter die Betten. Im Not- oder Bedarfsfall brauchte die Lösung nur noch an einen Bilderhaken aufgehängt zu werden – natürlich ohne Bild. Oder die milieugerechte Variante: Eine Radspeiche, die zu einem S gebogen wurde, befestigte man als Haken an einer Vorhangschiene.

Der Rest war dann ein Kinderspiel und die Nadel rasch gesetzt. Eminent wichtig war die Durchlaufgeschwindigkeit – höchstens 60 Tropfen in der ersten Minute, um eventuelle unerwünschte Reaktionen zu vermeiden. Danach konnte ohne Risiko »volles Rohr« gefahren werden. Nach dieser rund zwanzigminütigen Prozedur war der Hämatokritspiegel um drei Prozentpunkte gesunken. Da die Rüstzeit bei der Mauschelei ganze zwei Minuten betrug, konnte im Ernstfall sofort durchgestartet werden. Morgens wurde Bruno Roussel als erster vom Eintreffen der Kontrolleure informiert. Sie gingen dann zu mir und zu Eric Rijckaert, dem Mannschaftsarzt. Eigentlich konnte bei uns nichts anbrennen. Wie so oft im Sport war die Vorarbeit »spiel«-entscheidend.

Die 1997 zum erstenmal bei Paris–Nizza eingeführten Blutkontrollen kamen für uns nicht weiter überraschend. Wir von Festina wußten, was die Stunde geschlagen hat, zumal diese Maßnahmen bereits im UCI-Reglement publik gemacht worden waren. Ich besaß als allererster eine batteriebetriebene Blutzentrifuge zur Messung des Hämatokritwertes. Rijckaert hatte die Schleuder in Deutschland erstanden. Sie war ein Schnäppchen und hatte 900 Mark gekostet. Seitdem standen meine Schützlinge bei mir Schlange. Doch auch bei der Tour de France 1997 setzten sich die Bluttests generell durch. Viele Fahrer hatten das Gerät unter einem Decknamen per Postnachnahme bestellt. Seitdem »ging die Post ab« – wie wir in unserem Jargon sagen.

Das Blut wurde direkt aus einer Schlagader abgezapft und nicht etwa am Finger per Nadeleinstich. Das letztere Verfahren hat den Nachteil, daß beim Druck auf einen Fingerknochen das Blut dickflüssig ist. Die sehr dünnen Röhrchen waren nicht bruchsicher, weshalb wir vorsorglich immer zwei füllten. Für die Messung genügten einige Tropfen. Das Röhrchen wurde in die 20 x 8 cm große Zentrifuge eingelegt, die mit 10 000 Umdrehungen/Min. (!) arbeitete. Nach circa zwei Minuten schaltete das Gerät automatisch ab; das weiße Plasma war von den roten Blutkörperchen getrennt worden. Der lupenreine Hämatokritwert konnte nun abgelesen werden.

Richard Virenque verlor diese Französische Meisterschaft, weil er an jenem Sonntag renntaktisch wie ein blutiger Anfänger agierte. Dabei war der stark wellige Rundkurs, der elfmal zu durchfahren war, gerade auf ihn zugeschnitten. Zudem trat Richard topfit an. Für uns schien er an jenem Sonntag jedenfalls unbesiegbar zu sein – selbst von einem Jalabert in Bestform.

Vom Streckenprofil her hätte sich das »Einschmuggeln« in eine Ausreißergruppe von – sagen wir einmal – 20 Fahrern angeboten, um deren vorgelegtes Tempo einfach nur mitzugehen. Zwei Runden vor Schluß wäre die Spitzengruppe dann zwangsläufig dezimiert worden. Bei einem solchen Eintagerennen entscheidet gewöhnlich die Tagesform über Sieg oder Niederlage.

Ich chauffierte Richard samt seinen Kollegen zum Start. Das ließ ich mir nicht nehmen. »Richard, ich kenn' dich genau. Fahr nicht auf Angriff, laß lieber die anderen arbeiten, denn heute bist du unschlagbar.« Bei ihm, derart impulsiv und ungeduldig, war eine Gehirnwäsche das richtige Rezept. Alles vergeblich! Nach halber Distanz formiert sich eine neunköpfige Ausreißergruppe, darunter Hervé und Brochard, die bei solchen Vorstößen durchaus mithalten können. Nur: Wer beginnt im Hauptfeld das Tempo zu forcieren? Unser guter Richard! Dadurch führt er den Pulk wieder an die Ausreißer heran. Und Jalabert, Leblanc und einige andere Fahrer nutzen den Zusammenschluß des Feldes zu einem Vorstoß. Richard war ausgekontert worden. Panik im Hauptfeld. Und vorne kein Festina-Fahrer. Bruno Roussel war außer sich. Er ließ zum Gegenangriff blasen. Die Helfer mußten Dampf machen. Zwar konnten Virenque, Hervé und eine Handvoll Festina-Fahrer das Loch noch zufahren, aber die Aufholjagd hatte zuviel Kraft gekostet. Das Tricolore-Trikot war eine Nummer zu groß.

Die gedrückte Stimmung, die im Hotel herrschte, kann man sich vorstellen. Doch was sollte es, wir mußten die Schlappe schnell abhaken und uns auf die Tour konzentrieren, Bis dahin blieb uns nur eine Woche Zeit. Bevor die Fahrer nach Hause fuhren, übergab ich meinen Schützlingen eine Spezial-Trinkflasche. Hinter dieser milieugerechten Tarnung verbargen sich 2 EPO-Ampullen zu je 2000 Einheiten mitsamt 2 Pulverröhrchen, darüber Eiswürfel bis zum Flaschenhals. Noch am selben Abend bin ich mit meiner Familie heimgefahren. Sylvie am Steuer unseres Wagens, während ich einen Festina-Kombi fuhr. Ja, ich weiß genau, mal wieder ohne Führerschein. Ich sehe schon den erhobenen Zeigefinger!

Montag früh rief mich Rijckaert aus Gent an. Ich solle morgen 10 Kartons Perfusionsmittel bei ihm abholen. In Frankreich gibt es diese 1-Liter-Lösungen, die zur Blutreinigung bei toxischen Substanzen verwendet werden, abgefüllt in Behältern aus Glas. Besser sind freilich Plastikflaschen, die praktischer (Transport) und neutraler (Spurenbeseitigung) sind. Tags darauf, 8 Uhr, fuhr ich los.

Hinter dem Fahrersitz hatte ich zwei Kühltaschen, eine blaue und eine rote, verstaut. Sie enthielten 234 Flakons Erythropoietin (EPO), 80 Ampullen Wachstumshormone, 160 Einheiten Testosteron und 60 Gelantinekapseln Asaflow, ein aspirinhaltiges Präparat, das verdicktes Blut verflüssigt. (Anm.: Zu hohe EPO-Dosen verschlammen das Blut; es können sich u. a. tödliche Thrombosen entwickeln.) Dieses Apothekenarsenal lagerte seit einem Monat im Gemüsefach meines Kühlschrankes. Der Haussegen hing deswegen bereits schief, nicht etwa, weil Sylvie ständig Möhren zu Saft verarbeiten wollte, sondern weil sie insgeheim ahnte, daß die Mittelchen nicht gerade Hustensirup waren.

Einige Wochen zuvor hatten wir uns für den 1. Juni gegen 19 Uhr auf dem Parkplatz von *Buffalo Grill*, einer Restaurantkette, nahe dem Flughafen Bordeaux-Mérignac verabredet. Bei Kurierdiensten sind Handys schon sehr praktische Helfer. Ich hatte einen Peugeot 306 in Blau metallic gemietet, äußerst diskret im Vergleich zum Festina-Look. Carine, meine älteste Tochter, saß am Steuer, denn ich wollte nicht leichtfertig sein. Ich hatte die Wundermittel bei mir. Carine wußte von nichts. Der organisierte Pharmaka-Nachschub erfolgte zweimal im Jahr: im Februar und im Juni, also kurz vor Auftakt der Frühjahrsklassiker und bei Saison-Halbzeit.

Wir warteten auf Joël Chabiron, den Manager des Festina-Rennstalles, der, aus Portugal kommend, mit Pharmazeutika unterwegs war. Da er sich verspätet hatte, gingen wir zum Essen. Als Joël schließlich mit seinem Mercedes eintraf, befand er sich in Begleitung eines Paares, das ich nur vom Sehen kannte. Es regnete stark. Für das Umladen parkten wir die Autos Kofferraum an Kofferraum. Die Tiefkühlfracht, in einer riesigen Sporttasche verstaut, wurde durch Sportbekleidung abgepolstert. Umgepackt in meine beiden Kühltaschen war dann schnell. Rasch noch ein Händedruck, und ab ging die Post. Bei uns in Richtung häusliches Gemüsefach …

Auf dem Weg nach Gent legte ich einen Zwischenstopp in Meyzieu ein, wo der Festina-Renndienst beheimatet war. Ich vergewisserte mich, daß nichts im Materialwagen fehlte, denn der mußte zum Tour-Start am nächsten Samstag in Dublin sein. Ich ließ meinen Koffer auch gleich dort und nahm nur meinen schwarzen Reisesack mit dem Allernötigsten sowie einen Aktenkoffer mit. Ich fuhr mit Laurent Gros in einem Festina-Kombi nach Evry im Großraum Paris, um ein offizielles Fahrzeug in der Garage der Société du Tour de France zu übernehmen. Anschließend besuchte ich Rijckaert in Zomergem. Es war am frühen Abend.

Eric schlug mir vor, mit ihm zum Essen zu gehen, aber ich wollte noch bei einem alten Kumpel in Brüssel vorbeischauen. Also weiter nach Brüssel mitsamt der Dopingfracht. Am nächsten Tag mußte ich in Calais, 10 Uhr, das Fährschiff nach Dublin nehmen – so mein offizieller Reiseplan.

II. Kapitel

»Haben Sie etwas zu verzollen?«

Mittwoch, morgens um 5.30 Uhr. Eine flüchtige Morgentoilette ohne Rasur, und wie immer nach zu kurzen Nächten inhalierte ich eine sogenannte *Lichette*, einen Muntermacher, den eine belgische Pharma-Küche zusammenbraute. Das hochwirksame, transparente Gemisch gab es in einem praktischen Mini-Flakon: Die Verschlußkappe aus Kautschuk brauchte nur mit einer Nadel angestochen zu werden. Punkt 6 Uhr war ich startklar.

Damals waren mir die einzelnen Wirkstoffe unbekannt. Ich wußte lediglich, daß der Cocktail Amphetamine, ein Evergreen unter den Stimulanzien, enthielt.

Zwei Monate später verriet mir dann ein Journalist vom TV-Sender *France 2* die belgische Rezeptur. Bitte anschnallen! Amphetamine, Coffein, Kokain, optionsweise Corticoide, Heroin und schmerzstillende Substanzen.

Calais war von Brüssel drei Autostunden weit entfernt, und ich war, wie wir Sportler sagen, im Fahrplan. Ich konnte unter zwei Routen wählen: via Valenciennes oder zurück auf die E 17 bis Gent, Courtrai, dann Richtung Lille (Nordfrankreich). Ich entschied mich für letztere Strecke, sozusagen aus dem Bauch heraus. Auf dem letzten Abschnitt, kurz vor der Grenze, verließ ich die Autobahn. Vielleicht auch deshalb, weil Rijckaert mir am Vorabend sagte, ich sollte wachsam sein. Später erfuhr ich dann, daß diese Landstraße die Hausstrecke der kleinen Dealer war.

Es war gegen 6.45 Uhr. Gelassen fuhr ich diese friedliche Straße entlang, als plötzlich ein Mann vor mir auftauchte. Aus nächster Nähe sah ich, daß es ein Zöllner war. Mein Herz begann zu rasen; es war zu spät, um kehrtzumachen. Der Beamte gab mir ein unmißverständliches Zeichen, rechts anzuhalten. Ich hielt. Seit 30 Jahren meine erste Zollkontrolle! Dann entdeckte ich einen weißen Kleinbus im Gebüsch. Alles ging sehr rasch. Vier Zollfahnder stiegen aus dem Fahrzeug und umstellten meinen Wagen.

Wenn mir die »Muffe« ging, dann lag das nicht an meiner Dopingfracht, die hinter meinem Rücksitz verstaut war. Nein, ich dachte in diesem Moment nur an den *Pot belge*, nicht an den, den ich morgens inhalierte, sondern an den für Laurent Dufaux.

Die Vorgeschichte: Drei Monate war es her, daß ich den ehemaligen Profi Serge bei der Flèche wallonne getroffen hatte. In Erwartung der Fahrer standen wir im hinteren Zielraum und plauderten über die guten, alten Zeiten. Dabei schlug er mir folgendes Tauschgeschäft vor: zwei belgische Cocktails gegen ein Trikot und zwei Festina-Trägerhosen, eine kurze und eine lange. Ich ging darauf ein.

Einen Cocktail behielt ich für meinen persönlichen Reisebedarf. Wenn man 130 000 km im Jahr mit dem Wagen unterwegs ist, putscht man sich wie die Fahrer auf. Lieber zehn Milligramm Amphetamine im Tank als eine Platane vorm Kühler. Der zweite belgische Cocktail war für Dufaux bestimmt.

Zu Weihnachten hatte ich meiner Tochter Charlotte einen Yorkshireterrier geschenkt, der von Laurent stammte. Von dem vereinbarten Kaufpreis von 4 000 Francs hatte ich 3 000 angezahlt, wobei mir Dufaux zu verstehen gab, daß er mir den Rest erließe, wenn ich ihm einen solchen Cocktail besorgte. Deshalb kam mir der Vorschlag von Serge wie gerufen. Man sollte noch erwähnen, daß der belgische Cocktail in seiner standardisierten »Handels«-Form 15 Milliliter beinhaltet, die für 15 Injektionen reichen, was wiederum einem Saisonbedarf im Straßenradsport entspricht.

Jetzt wird wohl auch verständlich, warum ausgerechnet diese beiden Cocktails, drei Monate später, in meiner Reisetasche verstaut waren, die auf dem Beifahrersitz lag. Meine Ration war, wohlgemerkt, angebrochen. An das EPO dachte ich überhaupt nicht. Statt dessen griff ich panisch nach beiden Flakons und konnte einen im allerletzten Moment in meiner rechten Hosentasche verschwinden lassen. Den anderen hielt ich noch in der Hand, als mich ein Zöllner an der Wagentür fragte, ob ich etwas zu verzollen hätte. Was für ein Scherz! Ich antwortete: »Ach, eigentlich nichts, ich habe nur Vitaminpräparate für die Fahrer dabei.« Nicht einmal meine Papiere wollte er sehen. Er interessierte sich nur für den Kofferraum. Ich hoffte insgeheim noch, die belgischen Cocktails in einer der Kühltaschen verstecken zu können. Doch ließen mich die Beamten keine Minute aus den Augen. Beim Öffnen des Kofferraumes warf ich den einen Cocktail kurzerhand ins Gebüsch. Der andere steckte noch immer in meiner Hosentasche.

Um ihnen meinen guten Willen zu beweisen, zog ich einen Karton mit Perfusionslösung aus der Tiefe des Kofferraumes nach vorne, aber ein Zöllner winkte ab. Ich glaubte, daß alles glatt verliefe und kein Grund zur Aufregung bestand. Unterdessen hatten seine Kollegen die beiden Kühltaschen hinter dem Fahrersitz entdeckt. Die Zöllner öffneten die Taschen und nahmen die eisgekühlten Tupperware-Schalen heraus. Sie fragten mich nach dem Inhalt.

»Ich weiß es nicht. Es sind wohl Aufbaupräparate.«

»Wenn das so ist, dann dürfen wir Sie bitten mitzukommen.«

Wie ich später erfuhr, lautete der Name dieses Grenzorts Le Dronckaert, was man mit »Trunkenbold« übersetzen könnte. Ich mußte mich verfahren haben.

Jedenfalls nahm ein Zöllner in meinem Wagen Platz, und ich mußte dem Minibus etwa einen Kilometer bis zum Zollposten hinterherfahren. Meine Nerven flatterten, während mein Beifahrer versuchte, für Entspannung zu sorgen. Er sprach mit mir über die Tour, die in Kürze französischen Boden erreichen würde, über die Form von Virenque ... Ich verstand kaum, was er quasselte. Ich sagte mir innerlich: Willy, du bist erledigt, das ist dein Todesurteil. Meine Gedanken kreisten unweigerlich um den Cocktail in meiner Hosentasche, die Kühltaschen in dem Bus der Zöllner. Darauf hatte ich keinen Zugriff mehr. Als Trottel fühlte ich mich, der sich an der Grenze mit Drogen hatte schnappen lassen. Eine Katastrophe sondergleichen! Die Folgen waren mir in vollem Ausmaß noch gar nicht bewußt.

Das Portal öffnete sich automatisch und gab die Zufahrt zu einem großen roten Backsteingebäude frei. Der Bus mit den Zöllnern stoppte davor, während mein Passagier mir bedeutete, weiterzufahren. Im Rückspiegel sah ich, wie sich das Portal wieder schloß. Ich wurde noch nervöser.

Nachdem ich den Abstellplatz für meinen Wagen zugewiesen bekommen hatte, wollte ich mir meinen Reisesack greifen, doch der Zöllner hinderte mich daran.

»Sie fassen bitte nichts an.«

Ich folgte dem Mann, während seine Kollegen meinen Wagen filzten – von der Türverkleidung über die Scheibenwaschanlage bis hin zu den Radkappen, nichts war vor ihren prüfenden Blicken sicher.

Wir gingen über einen langen Gang mit vielen Fenstern. Das Spektakel im Hof konnte ich von dort aus genau beobachten. Danach landete ich in einem Büro.

Einer der drei anwesenden Zöllner präsentierte mir dann auf einem Tisch den Inhalt der Kühltaschen. Mit amtlicher Neugier begann er, meine Hausapotheke zu durchforsten. Ich bat darum, einen Schluck aus einer meiner Wasserflaschen nehmen zu dürfen. Kein Problem. Unterdessen bauten sie die Ampullen in Reih und Glied – Zinnsoldaten gleich – auf. Die Zeit ging dahin, und ich verwünschte diesen Cocktail in meiner Hosentasche. Unablässig dachte ich an die Fähre in Calais und deren fahrplanmäßiges Auslaufen um 10 Uhr.

»Entschuldigung, dauert das hier eigentlich noch lange? Es ist nämlich so, daß ich die Fähre …«

»Die können Sie vergessen.«

Die medikamentöse Bestandsaufnahme ging nur zäh voran. Da ein Zollfahnder eine EPO-Ampulle nebst Pulverröhrchen als zwei getrennte Substanzen erfaßte, bemühte ich mich um Aufklärung. Aus pharmazeutischer Sicht seien sie untrennbar eine Einheit. Doch den Mann interessierte nur das, was vom Augenschein für ihn offensichtlich war. Beharrlich und voller Konzentration zählte er weiter. Röhrchen für Röhrchen. Die EPO-Flakons mit rotem Verschluß standen in einer Reihe, davor die Ampullen mit Wachstumshormonen, akkurat in einer Linie ausgerichtet. Sämtliche Flakons waren vorschriftsmäßig etikettiert. Über ihre spanische beziehungsweise portugiesische Herkunft konnten die Zöllner von Amts wegen also keinen Zweifel hegen. Daneben reihten sich braune Testosteron-Pillen auf, von Festina verharmlosend »Ostereier« getauft. Dabei wurden wir das ganze Jahr über wie Hasen gejagt. Der prall gefüllte UCI-Rennkalender sah keine Schonzeit vor. Übrigens hinterließen oral eingenommene »Ostereier« im Urin keine Spuren, während die Doping-Jäger bei intramuskulär injiziertem Testosteron schon mal fündig wurden.

Bei ihrer Inventur stellten mir die Fahnder gelegentlich noch die eine oder andere Frage. »Das weiß ich nicht«, sagte ich jedesmal. Meine stereotype Antwort spornte sie nur noch mehr an. Sie wollten, so verkündeten sie, die beschlagnahmte Ladung durch ein Labor in Lille analysieren lassen. Dann filzten sie meinen Reisesack und den Aktenkoffer, bevor sie mich in eine andere Amtsstube führten. Der freundliche Beamte dort war sofort gesprächig. In ein paar Tagen ginge er in Pension. Er sprach über die Fußball-WM, auch über die Blauen, *les Bleus*. Zu meiner Überraschung bot er mir eine Zeitung und Kaffee an. Er schien, so unmittelbar vor Torschluß, nicht mehr ermitteln zu wollen.

Etwas gelöst, gestand ich ihm: »Wenn ich das alles gewußt hätte, wäre ich über die andere Grenzstelle gefahren. Dann wäre ich jetzt kurz vor Calais und nicht hier.«

Und prompt verwies er mich in die Schranken. »Wenn du glatt durchgekommen wärst, hätten sie dich spätestens in Calais erwischt.«

Gern hätte ich zu dieser These mehr erfahren, aber er ging nicht mehr darauf ein. Das Gespräch verlief jetzt mehr im belanglosen Mittelfeld, denn ich wollte mir keinen Konter einfangen oder gar in eine (Abseits-)Falle tappen. Immerhin mußte ich ja noch nach Dublin. So vertiefte ich mich in die Zeitung. Eigentlich wollte ich überhaupt nicht lesen, sondern mich lediglich abschirmen.

Ein weiterer Zöllner, dunkelhäutig, steckte den Kopf zur Tür herein und verkündete mir: »Hören Sie, wegen der Schwere des Falles müssen wir eine Leibesvisitation durchführen.«

Ich war sprachlos. Sofort fiel mir wieder der belgische Cocktail in meiner Hosentasche ein. Der angehende Ruheständler des Zolls hantierte an der Kaffeemaschine herum, und ich nutzte die Gelegenheit, um den brisanten Inhalt meiner Hosentasche in meinen Slip zu befördern.

In einer Situation wie dieser hatte ich mich wahrlich noch nie befunden. Trotzdem glaubte ich, dennoch irgendwie aus dieser Geschichte rauszukommen. Der farbige Zollbeamte kam zurück. Jetzt mußte ich die Hosen wirklich herunterlassen. Sommerlich gekleidet, konnte ich nicht gerade auf Zeit spielen. Ich zog mein kurzärmeliges weißes Festina-Hemd aus. Er betatschte es ausgiebig von oben bis unten.

»Jetzt die Schuhe.«

Ich gehorchte. Logisch. Aufmerksam musterte er sie und fummelte sogar an den Absätzen herum.

»Die Hose.«

Er prüfte selbst das Innenfutter. Dann leerte er die Taschen.

»Die Socken.«

Auch hier wieder die übliche Prozedur.

»Den Slip.«

Ich hatte nicht gedacht, daß er dies verlangen würde. Verständlicherweise zögerte ich.

»Ich sagte doch, den Slip!«

Verzweifelt rieb ich mir die Nase, putzen konnte ich sie mir ja nicht mehr. Dann ein letzter Kratzversuch am Nacken, und ich entledigte mich notgedrungen meines Slips – mit durchgedrückten, geschlossenen Beinen.

»Spreizen Sie die Beine, mal los!«

Das Corpus delicti plumpste unvermeidlicherweise zu Boden. Spätestens jetzt war klar: Die Fähre nach Dublin würde in Calais ohne mich auslaufen.*

Ich hatte nun wirklich den Eindruck, daß mein spezieller Freund beim Zoll ausrastete: Er und seine Kollegen drückten mich unsanft auf einen Stuhl, meine linke Hand bekam eine Handschelle verpaßt, die in einen in der Wand eingelassenen Ring geklinkt wurde. Ein Arzt in Jeans und Hemd kam hinzu. Mit einem Fingerhandschuh machte er sich in meinen Anus zu schaffen.

»Wir werden Sie ins Krankenhaus zum Röntgen bringen.«

Ich fühlte mich hundeelend, so, als ob mich jemand verprügelt hätte. Urplötzlich war ich kein Masseur mehr, sondern als Dealer abgestempelt. Was hatte ich angestellt, um so behandelt zu werden?

Ich durfte mich wieder anziehen und wurde anschließend ins Krankenhaus gebracht. Bei der Abfahrt bemerkte ich mein zerlegtes Auto. Es wurde in diesem Augenblick gerade fotografiert, mir stand das noch bevor.

Nach der Röntgenaufnahme mußte ich gefesselt weiter warten. Erst nach den Ergebnissen der Auswertung wollte man mir mein weiteres Schicksal mitteilen. Die respektable Distanz zwischen meinen Bewachern und mir betrug fünf Meter. Ich erlebte mit, wie nahe Himmel und Hölle beieinanderliegen. Denn während die Beamten über ihre Schrebergärten und das Fernsehprogramm diskutierten, hatte ich den Eindruck, in der Hölle zu schmoren.

Am Nachmittag tauchte ein junger, bullig wirkender Ermittler, in Zivil gekleidet, auf. Er beschimpfte mich gleich zur Begrüßung. Dann,

* Auszug aus einem Interview der *L'Equipe* vom 2. 7. 1999 mit Bruno Roussel:
L'Equipe: »Wie reagierten die Fahrer Ihrer Mannschaft, als sich die Nachricht von Willy Voets Festnahme verbreitete?«
Roussel: »Als sich die Nachricht verbreitete, traf ich als ersten Richard Virenque. Ich sollte ihn am Dubliner Flughafen abholen, da sein Flieger kurz nach meiner Maschine landete. Als er mich sah, weihte ich ihn sofort ein: Willy ist festgenommen worden und sitzt in der Patsche, worauf er mir sagte: ›Scheiße, meine Mittel, was soll ich jetzt bloß machen?‹«

etwas offizieller: »Der Fall wird zur Staatsaffäre. Das werden Sie büßen. Wir werden Festina zur Schnecke machen.«

Sicher ein Einschüchterungsversuch. Ich sollte auspacken. Meine Stimmung war auf Null. Je wortkarger ich blieb, desto genervter wurde er. Er ließ nichts aus, um mich in Angst und Schrecken zu versetzen. Ich verstand überhaupt nicht, warum die Herkunft der beschlagnahmten Substanzen so entscheidend sein sollte. Sie stammten aus meinem Gemüsefach, und ich hatte damit einen Grenzübertrittsversuch gemacht. Folglich war ich ein Dealer. Von meiner Version, so schien es, glaubten sie kein Wort. Und erst dieser Beamte der jungen Garde, der mich verächtlich und boshaft ansah! Zudem haute er mit der Faust auf den Tisch! Der nächste Faustschlag sollte wohl mir gelten. Das gehörte bei seiner Verhörmethode wohl zum Repertoire. Eigentlich nichts Ungewöhnliches, wenn man es wußte. Er war der einzige, der mich bei diesen Einvernehmungen anwiderte. Seine übrigen Kollegen verrichteten treu und brav ihren Dienst.

Nach dieser Vernehmung landete ich gegen 17 Uhr wieder in jenem Büro des dienstältesten Zöllners, der sich erneut nett zeigte. Er reichte mir ein Sandwich. Seit gestern abend hatte ich nichts mehr gegessen. Trotzdem fehlte mir der richtige Appetit. Ich bat darum, meine Frau anrufen zu dürfen, was allerdings abgelehnt wurde.

»Aber dafür will ich gern mein Handy benutzen. Können Sie es, bitte, mir nicht aus meinem Auto holen?«

»Sie machen wohl einen Scherz?«

Noch immer trug ich Handschellen, war ständig unter Aufsicht. Ich harrte auf meinem Stuhl aus. Die Ergebnisse der Analyse lagen gegen 20 Uhr vor: EPO, Wachstumshormone, Testosteron.

»Wirklich? Das ist möglich, aber davon weiß ich nichts. Trotzdem glaube ich Ihnen das natürlich.«

Von einem benachbarten Büro aus verständigten sie die Polizei. Ein weiterer Beamter, vermutlich der Dienststellenleiter, ließ mich wissen: »Um 22 Uhr werden wir Sie ins ›Central‹ nach Lille verlegen.«

Die beiden Zöllner, die mich morgens festgenommen hatten, waren noch immer da. Allem Anschein nach war ich an ihren Überstunden schuld. Sie begleiteten mich zu einem Aufenthaltsraum im Nebengebäude. Es war an jenem Fußballabend, an dem die Blauen im Halbfinale auf Kroatien trafen, sozusagen ein Fernseh-Pflichtspiel. Dank Zidane und Co. lockerte sich die Atmosphäre gleich auf. Wir setzten uns vor den Fernseher. In den verbleibenden Minuten bis zum Anstoß »verhörten« sie mich eher informell: Haben denn alle Fahrer tatsächlich was in der Pulle? Und wie ist das bei den Fußballern und dem Pausentee? Während der Übertragung schlug mir ein Beamter vor, doch etwas zu essen.

»Wie wär's mit einer Portion Fritten?«

»Tolle Idee!«

»Mit etwas Mayonnaise?«

Ich hätte selbst Essiggurken beifällig abgenickt, so heißhungrig war ich.

»Dazu Wurst oder Schinken?«

Ich entschied mich für Bratwurst. Mit einem Schlag erwachte neues Leben in mir. Keine Handschellen mehr, dafür der Duft von Kaffee und der Geruch von Fritten. Es war für mich so etwas wie Heimat-Ersatz, stand doch meine Wiege einst in der belgischen Provinz Brabant. Und als krönenden Abschluß gab es den 2:0-Sieg der *Equipe tricolore*. Punkt 21.45 Uhr war allerdings der TV-Action-Thriller in *»bleu-blanc-rouge«*, den Nationalfarben, vorbei. Die beiden Beamten mußten mich zur Strafanstalt bringen. Noch ein letzter Blick auf die Super-Slow-Motion, in der das erste der zwei Thuram-Tore sattsam gezeigt wurde.

Beim Verlassen des Fahrzeuges in Lille legten sie mir wieder Handschellen an. Das mußte sein, denn Dienst war Dienst. Dann ließen sie mich eine ganze Weile auf einer Bank im Gefängnis schmoren. Auf dem schier endlos langen Korridor reihte sich eine Zelle an die andere. Vor deren Gitterstäben war Plexiglas angebracht, als wollte man die Misere etwas kaschieren. Doch die drang hörbar nach draußen: wüste Beschimpfungen, nicht druckreife Kraftausdrücke, von denen ich nur wenige verstand.

Als ich dann ein Stockwerk höher im Büro des diensthabenden Beamten saß, der meine Personalien aufnahm, hatte ich bloß einen Gedanken: bloß nicht auffallen. Gefragt wurde ich nach Name, Vorname, Alter, Größe, Wohnsitz, Gesundheitszustand, und selbst den Namen meiner Mutter wollte man von mir wissen. Nur: Was hatte ausgerechnet meine Mutter, die vor 25 Jahren die ewige Ruhe fand, mit alledem noch zu tun?

»Zwei Kripokommissare werden Sie morgen, acht Uhr, abholen. Bis dahin bleiben Sie hier.«

Ich ging wieder nach unten. Jetzt mußte ich Gürtel, Schnürsenkel und sogar meine Brille abgeben. Erst dann wurde ich eingesperrt. Drei Männer und eine Frau teilten mit mir die Zelle. Es stank ekelhaft nach Erbrochenem, Alkohol, Urin und Kot. Also, Nase zu und durch! Ich kauerte mich, mit dem Rücken zur Wand, auf das Ende einer Bank. Ab und an hörte ich meine Zelleninsassen brüllen. Sie wollten zur Toilette; da ihnen niemand öffnete, verrichteten sie ihre Notduft eben so. Ich konnte kein Auge zutun. Es war die schrecklichste Nacht meines Lebens.

III. Kapitel

Zelle Nummer 237, ganz hinten, links

Ich war sichtlich erleichtert, als die Ermittlungsbeamten am nächsten Morgen eine Stunde früher eintrafen. Der eine, Jean-Marie, hatte einen gepflegten Schnauzbart und trug eine Brille. Der andere, Robert, war korpulent. Sie warteten auf mich in der Halle, wo mir mein Reisesack wieder ausgehändigt wurde. Vermutlich hätten sie mir Handschellen anlegen müssen. Im Hof stand ein grauer Peugeot 405.

»Okay, du wirst uns nicht durchbrennen, oder?«

Robert vergewisserte sich nur, daß die hinteren Türen verriegelt waren, bevor er losfuhr. Kaum waren wir aus der Strafanstalt raus, hielt er mir schon eine Schachtel Zigaretten hin. »Willst du eine?«

Damals qualmte ich täglich ein Dutzend Zigaretten, aber seit letztem Dienstag hatte ich nicht mehr geraucht. Der erste Glimmstengel schmeckte nach großer Freiheit.

Hauptverkehrszeit. Robert wurde ungeduldig.

»Hol das Blaulicht raus, Jean-Marie!«

Der wühlte unter seinem Sitz, kramte die Rundumleuchte hervor und plazierte sie auf dem Wagendach. Die anderen Verkehrsteilnehmer machten uns von da an bereitwillig Platz; wir gelangten an ein kleines Tor, das wie ein Garagentor aussah. Jean-Marie öffnete es mit der Fernbedienung. Wir gelangten auf einen riesigen Parkplatz.

»Nimm deinen Reisesack und komm mit.«

Vor dem Fahrstuhl begegneten wir deren Chef, der wußte, wer ich war.

Wir fuhren hoch in das Büro, welches Jean-Marie und Robert sich teilten.

»Wir kochen uns zuallererst mal einen guten Kaffe, einverstanden, Willy?«

»Und ich hole Croissants«, bot Robert an. »Oder möchtest du lieber Rosinenbrötchen, Willy?«

Kaffee und Gebäck – ich glaubte zu träumen. Wir frühstückten, und danach nahmen die beiden ihre Computer in Betrieb. Vor ihnen aufgestapelt: Protokolle, Reisesack, Aktenkoffer und die beiden noch immer unversiegelten Kühltaschen. Sie begannen mit der Vernehmung, die offenbar dem Zweck galt, bisherige Aussagen nochmals zu überprüfen. Abrupt schlug das bis dahin freundliche Klima um.

»Hältst du uns eigentlich für Vollidioten?« schnauzte mich Jean-Marie an.

Ich war ziemlich verdattert.

»Sie bleiben bei dem, was Sie bisher zu Protokoll gegeben haben?«

Das plötzliche Sie verriet Distanz.

»Natürlich.«

Sie änderten ihre Strategie. Wiederkehrende Fragen stellten sie immer etwas anders formuliert, wobei sie einen schärferen Ton anschlugen. Ich fühlte mich in die Enge getrieben. Um die Mißlichkeit dieser Situation zu mildern, bat ich darum, Sylvie anrufen zu dürfen.

»Solange Sie nicht mit uns kooperieren, wird das nicht gehen. Wir können ja nicht wissen, ob Sie nicht eine Art geheimen Wort-Code vereinbart haben.«

Jean Marie verließ den Raum.

»Hör zu, Willy«, fuhr Robert nach einem kurzen Moment des Schweigens fort, »glaubst du nicht, daß es besser wäre, mit der Wahrheit herauszurücken? Uns kann es letztlich egal sein, wir sind nur die Protokollanten, aber du bekommst am Ende was auf die Mütze. Wovor hast du Angst? Du kannst es mir ruhig sagen. Es bleibt unter uns und wird nicht schriftlich festgehalten.«

Er duzte mich wieder.

»Vor einigen Tagen waren wir im Trainingslager im Département Corrèze, um speziell den Parcours für das Zeitfahren bei der Tour zu studieren. Bei diesem Anlaß wurden wir auf ein tolles Schloß eingeladen. Was meinst du, wer uns da empfing? Bernadette Chirac höchstpersönlich. Virenque, Brochard und jede Menge wichtiger Leute waren da zugegen. Weißt du, vor denen habe ich Angst. Die sind von einem ganz anderen Kaliber als ein Willy Voet. Verstehst du das?«

»Nun mal sachte, Willy. Weißt du, wer hier vor einigen Monaten noch auf deinem Stuhl saß? Bernard Tapie. Und den nahmen wir nach allen Regeln der Kunst auseinander. Mit deinem Virenque oder Brochard kannst du uns da nicht beeindrucken. Denk genau darüber nach! Falls du fünf Jahre hinter schwedische Gardinen kommen willst, so ist das deine Sache. Wir nehmen deine Aussage zu Protokoll – fertig. Denk an deine Frau, an deine Kinder. Glaub mir, die Leute, die du jetzt decken willst, werden sich anschließend keinen Deut um deine Familie kümmern.«

Jean-Marie kehrte wieder zurück und wechselte leise ein paar Worte mit seinem Kollegen. Nach dieser kurzen Unterredung griff Jean-Marie zum Telefon.

»Guten Tag, Frau Voet. Ich bin von der Kripo in Lille. Ihr Mann befindet sich in unserem Gewahrsam. Aus ermittlungstaktischen Gründen können wir zu dem Fall jetzt nichts sagen. Ich gebe Ihnen jetzt Ihren Mann, aber stellen Sie ihm bitte keinerlei Fragen. Er wird Ihnen bestätigen, daß es ihm gutgeht. Wie gesagt, bitte keine Fragen, ja?«

Und prompt stellte sie eine!

»Was ist denn passiert?«

»Nichts, gar nichts, sei unbesorgt, und frag nicht weiter. Mir geht es gut. Und wie geht es dir und den Kindern?«

»Weiß Bruno Roussel davon?« wollte Sylvie wissen.

Mit dieser scheinbar harmlosen Frage nach meinem Arbeitgeber war sie zu weit gegangen. Die Beamten, die mithörten, schöpften Verdacht, und Jean-Marie schaltete sich sofort ein.

»Ich sagte Ihnen doch, keine Fragen. Tut mir leid, aber wir müssen das Gespräch beenden. Auf Wiederhören, Frau Voet.«

Es ging mittlerweile auf die Mittagszeit zu. Ich wurde in eine benachbarte Zelle geführt, bekam ein Sandwich, und Robert sagte beim Schließen der Tür leise: »Denk gut darüber nach, Willy. Wir sind um vierzehn Uhr zurück. Überdenk alles noch mal.«

Nach Tisch gingen die bohrenden Fragen weiter.

»Nun, was hat es mit der Frage Ihrer Frau auf sich? Warum interessierte es sie, ob Bruno Roussel davon wisse?«

Meine bisherige Zurückhaltung mußte ich wohl oder übel aufgeben. Sie hätten die Wahrheit aus mir herausgepreßt. Stück für Stück. Ich dachte an Sylvie, Charlotte und Mathieu. Nach und nach schenkte ich ihnen klaren Wein ein. Ich sprach über die Rolle von Bruno Roussel und die unseres Arztes Eric Rijckaert, doch andere wie beispielsweise Joël Chabiron versuchte ich zu decken. Wie ich in den Besitz der Präparate gelangt sei, wollten sie wissen.

»Sie stammen aus Spanien und wurden im Mannschaftswagen

mitgeführt. Die Ärzte baten uns lediglich, den Transport auszuführen. Ich glaube, sie bestellen die Präparate, aber beschwören kann ich das nicht …«

Mit meinen Aussagen nahm ich es nicht so genau und verstrickte mich prompt in Widersprüche, bei denen sie sofort unnachgiebig nachhakten. Am Ende gab ich mich geschlagen. Sie protokollierten meine revidierte (und unvollständige) Aussage. Für heute war die Vernehmung beendet.

»Wir bringen Sie jetzt wieder ins ›Central‹ zurück, wo Sie die Nacht verbringen werden. Morgen machen wir dann weiter, und dann befaßt sich ein Untersuchungsrichter mit dem Fall.«

Bloß nicht ins »Central«! Bei dem Gedanken allein wurde mir übel. Ich bat sie, mich anderweitig unterzubringen. Anfangs sträubten sie sich zwar, aber dann riefen sie doch bei einer kleinen Polizeiwache in einem Vorort von Lille an. Dort hatte man noch Platz – zum Glück! Da draußen war es dann sauber, fast luxuriös im Vergleich zum »Central«. Drei Zellen und nur ein Inhaftierter. Der diensthabende Polizist gab mir zwei Decken, denn mich fröstelte. Ich durfte sogar meine Brille behalten, und trotz der harten Pritsche konnte ich schlafen. Endlich.

Freitag, 10. Juli, 7.30 Uhr: Dieselben Akteure, dieselbe Rollenverteilung. Nach einer etwa einstündigen Vernehmung nahm man Fingerabdrücke von mir. Ein etwas beklemmendes Gefühl, doch die Foto-Prozedur war noch demütigender. Beim Frontal-Porträt meines Gesichtes, das zuerst drankam, mußte ich mit der Linken ein Täfelchen mit meinen Daten eine Handbreit unter Kinnhöhe hochhalten. Es folgten die Profilaufnahmen. Nach dieser erkennungsdienstlichen Behandlung fühlte ich mich wie ein Krimineller und hätte am liebsten geheult.

Gegen 9 Uhr ging es dann ab ins Gericht. Meine zwei Begleiter parkten den Peugeot 405 nahe der sogenannten Mausefalle, einer unterirdischen Zufahrt zum hinteren Teil des Justizpalastes. Ich wurde in den »Warteraum« verbracht. Zwanzig andere Typen waren schon da. Es durfte geraucht werden, und ich steckte mir eine an. Robert hatte mir eine Schachtel zugesteckt. Die Leute um ich herum erzählten sich ihre Fälle. Einer hatte seine Freundin verprügelt, weil er sie im Bett mit einem Nachbarn erwischte; ein anderer hatte sich verschiedene Haushaltsgeräte »ausgeliehen«, ein dritter hatte sich einen LKW mit einer Ladung Kartoffeln unter den Nagel gerissen, um sie in Belgien »abzusetzen«. Und ich? Ich war gewissermaßen auch Fernfahrer – nur eben mit chemischer Fracht.

Nach diesen unfreiwillig mitangehörten Geständnissen wurde ich wieder von meinen zufälligen Weggefährten getrennt. Jean-Marie und Robert brachten mich in den zehnten Stock, wo mein Untersuchungsrichter residierte.

»Wir haben auch noch ein paar andere Untersuchungen zu führen«, ließen sie mich auf dem Weg nach oben wissen.

Zu den »anderen Ermittlungen« gehörte anderntags eine Hausdurchsuchung – bei mir daheim.

Beim Weggehen machten mich Robert und Jean-Marie noch mit Ludovic Baron bekannt. Rechtsbeistand und Pflichtverteidiger, der an diesem Tage den amtlichen Präsenzdienst versah.

Bevor uns der Untersuchungsrichter aufrufen ließ, sprachen wir kurz miteinander.

»Ich habe Ihre Akte eingesehen. Ich werde versuchen, Sie hier herauszuholen.«

Vorausgesetzt, der Richter stimmte zu …

Als ich dessen Amtszimmer betrat, war ich, gelinde gesagt, verwundert. Ich hatte einen repräsentativen, großartig bemessenen Raum erwartet, statt dessen standen zwei schlichte Schreibtische beieinander, einer für den Untersuchungsrichter, der andere für die Gerichtsschreiberin. Davor ein paar Holzstühle. Neben dem Richter, dunkler, offener Blick, saß eine Frau mit rotbraunen Haaren und dezentem Make-up, die sich als stellvertretende Staatsanwältin entpuppte und sogleich loslegte.

»Dieser ganze Fall ist beschämend. Solche Leute wie Sie, solche Betrüger, gehören hinter Gitter.«

Der Untersuchungsrichter schaltete sich ein.

»Auf Grund der mir bisher bekannten Fakten komme ich nicht umhin, eine Haftfortsetzung zu verfügen. In erster Linie ihrer eigenen Sicherheit halber, aber natürlich auch wegen der Schwere des Falles, der in den Brennpunkt der Medien rücken wird. Ich möchte, daß Sie keinerlei Kontakte zur Öffentlichkeit unterhalten. Wir werden Sie von daher in die abgelegene Haftanstalt von Loos einweisen. Sie bekommen eine Einzelzelle zugewiesen, was ja so schlecht auch nicht ist.«

Ich war enttäuscht, ja deprimiert. Nach einer kurzen vertraulichen Unterredung mit meinem Anwalt wurde ich in eine Großraumzelle im Untergeschoß abgeführt. In diesem riesigen Auffanglager für Verlierertypen harrte ich notgedrungen bis 20 Uhr ohne Essen und Trinken aus. Dann waren endlich alle Häftlinge dem Untersuchungsrichter vorgeführt worden, und die Verlegung zur Haftanstalt Loos konnte beginnen.

Im Gefängnishof passierte der Gefangenentransporter drei Holzportale, die sich automatisch öffneten und wieder schlossen. Von den 14 Häftlingen waren nur zwei neu: ein Italiener und ich. Nach den üblichen Aufnahmeformalitäten verbrachte ich diese Nacht in einer Zelle mit Silvano, dem Italiener. Aus der für mich vorgesehenen Einzelhaft wurde offenbar zunächst nichts.

Mein Zellengenosse, ein ehemaliger Drogenabhängiger, war etwa 30 Jahre alt. Unablässig erzählte er mir aus seinem Leben, quatschte über seine bewaffneten, aber angeblich gewaltlosen Überfälle auf ältere Leute, redete vom Tod seines Bruders, der an einer Rauschgiftüberdosis gestorben war, von seinen Ängsten … Er konnte nicht schweigen. Man kann sich die Misere eines derartig verpfuschten Lebens kaum vorstellen, wenn man aus einem heilen Umfeld kommt.

Wir durften rauchen, aber ich hatte keine Zigaretten mehr. Silvano bot an, mir eine zu drehen. Als ich sah, wie er das Zigarettenpapier mit seiner Zunge anfeuchtete, hätte ich am liebsten verzichtet. Ein Ex-Junkie … Doch meine Gier zu rauchen war stärker.

Ein Schlüsselbund dröhnte an das Eisengitter: Wecken, 6.30 Uhr. Schon etwas hart.

Als erstes mußte ich zum Gefängnisarzt, der eine Akte anlegte und mich flüchtig untersuchte. Nur meine Oberarme besah er sich wegen eventueller Einstiche gründlicher. Dabei litt ich seit zwei Tagen unter hämmernden Kopfschmerzen. Er maß meinen Blutdruck.

»Kein Wunder, daß Sie bei diesen Werten Migräne haben.« Er gab mir sofort ovale Tabletten. Das Präparat von damals benutze ich noch heute.

Anschließend wurde ich einer etwa vierzigjährigen Psychologin vorgeführt. Sie fragte mich aus nach den Motiven meines Handelns, wobei sie auch wissen wollte, was ich nach der Freilassung machen würde. Als ob ich das zu diesem Zeitpunkt schon hätte sagen können …

Die Nachricht über meine Inhaftierung verbreitete sich wie ein Lauffeuer. Kunststück, in jeder Zelle stand ein Fernseher. Wenn ich den

Gefängniswärtern oder Häftlingen begegnete, die unsere Essenwägelchen schoben oder die Duschen schrubbten, hörte ich gleich meinen Vornamen, man hatte mich in der Glotze gesehen. Ich war an meiner Hausmarke ohnehin unschwer zu erkennen. Auf meinem Hemd prangte der Festina-Schriftzug.

An der Materialausgabe nahm ich Laken, Decken, Unterhosen und T-Shirts entgegen, alles doppelt, dazu ein Eßbesteck und zwei Naßrasierer. Eigentlich absurd, denn Hosengürtel und Schnürsenkel hatte ich am Vorabend sicherheitshalber abgeben müssen … Übrigens erkannte mich auch mein Aufseher.

»Sie sind also Willy Voet, oder? Was für eine beschissene Tour! Ich selbst bin Radfahrer mit Leib und Seele.«

Ein Wärter fuhr mit mir in den zweiten Stock, in den Flügel D. Er öffnete die Tür mit der Nummer 237. Eine Nummer, an die ich mich wohl immer erinnern werde. Es war die vorletzte Tür, links am Ende des Ganges. Kurzum, in einem »toten Trakt«. Der Zementboden der etwa acht Quadratmeter großen Zelle war mit Staub übersät. Hinter der Zellentür, rechts, die Toilette, Haarrisse in der Wand – es gibt schönere Örtchen. Dann das Waschbecken, nur kaltes Wasser. Am Ende, auf der gleichen Seite, ein Schrank ohne Tür. Links das Bettgestell aus Eisen, fest in der Wand verankert, mit durchgelegener Matratze. Und ganz oben, einem Wachturm gleich, ein nagelneuer Farbfernseher. Wenigstens das!

In der Stirnwand befand sich ein großes, rechteckiges Fenster mit zwei Flügeln; dahinter sechs Gitterstäbe. Wenn ich mich auf das Heizungsrohr stellte, konnte ich einen flüchtigen Ausblick auf die ferne Freiheit erhaschen. Ich heulte los wie ein Schloßhund.

IV. Kapitel

I will survive …

Ich vermag gar nicht zu sagen, wie lange meine Niedergeschlagenheit währte. Nachdem ich den Bunker (ich würde nie »meinen« sagen) mit den eigens vom Wärter besorgten Putzmitteln gereinigt hatte, habe ich das ganze Wochenende über – von einigen Unterbrechungen abgesehen – mehr oder weniger durchgeschlafen. Selbst der ständige Lärm der Mitgefangenen, die sich ihren Frust mit Kraftausdrücken Luft machten, hinderte mich nicht daran.

An diesem Sonntag, dem 11. Juli, herrschte schönes Wetter. Ich turnte zum Zellenfenster hoch und konnte den anderen Gefangenen beim Hofgang zuschauen. Einige spielten Fußball, andere diskutierten. Abseits saßen zwei Kranke, die ihren Kopf auf die Arme stützten. Ich dachte unwillkürlich an meine Frau. Sie hätte – was mich betraf – eigentlich einen guten Scheidungsgrund gehabt. Ich dachte ferner an meine Kinder. Wie würden sie reagieren? Und deren Schulkameraden, die Nachbarn, die Angehörigen, von meiner Schwiegermutter ganz zu schweigen, zumal meine Eltern nicht mehr lebten und mein einziger Bruder starb, als ich zehn Jahre alt war.

Um meine trüben Gedanken zu verdrängen, machte ich mich frisch. Es gibt nichts Besseres. Seit vier Tagen hatte ich mich weder gewaschen noch rasiert. Und die Klamotten, die ich trug, rochen bereits ziemlich. Was tat das kalte Wasser gut … Anschließend rasierte ich mich – mit Kernseife. Und dann machte ich das Fernsehen an. Was sollte ich auch anderes tun, als nachdenken und heulen, schlafen und grübeln, dann wieder fernsehen.

Es war der Tag, an dem der Prolog der Tour de France gestartet wurde, zugleich Auftakt zum alljährlichen Volksfest. Im Startraum wurden die gemeldeten Mannschaften auf einem Podium der Reihe nach vorgestellt. Natürlich auch das Festina-Aufgebot. Die Fahrer strotzten nicht gerade vor Selbstbewußtsein, als ob sie den Bumerang-Effekt ahnten.

Ich hörte das Klappern der Blechnäpfe auf dem Essenswagen. Es war 11.45 Uhr. Ein Häftling teilte die Speisen aus. Ein typisches Gericht wie beim Militär: einen Schlag weiße Bohnen, Tomatensauce, zwei Würstchen und wahlweise Joghurt, Obst oder Kompott. Da ich in der Anstalt neu war, händigte mir der kellnernde Sträfling noch zwei Stangen Weißbrot mit den Worten aus »das ist für zwei Tage«, sowie ein paar Stücke Zucker und vier kleine Portionen Butter. Wohlgemerkt, es war die Ration für das Frühstück anderntags.

Den nächsten Besuch bekam ich ausgerechnet vom Pfarrer. Ich bin nun wirklich kein gläubiger Mensch und schon gar kein Kirchgänger. Und trotzdem hat mir der Besuch des Seelsorgers wohlgetan. Zudem war er äußerst sympathisch und offen. Er blieb etwa eine Stunde in meiner Zelle und tröstete mich beim Abschied mit den Worten: »Sorge dich nicht. Gott ist mit dir.« Außerhalb des Knastes hätte ich das Ganze wohl als lächerlich empfunden, aber in meiner Lage klammerte ich mich eben an so einen kleinen Strohhalm.

Um 19 Uhr war Abendbrotzeit. Die restlichen weißen Bohnen vom Mittag wurden aufgetragen, mit einer kleinen Variante dennoch: Es gab dazu gekochten Schinken. Und Kompott zum Nachtisch. Danach ging ich meinen beiden Lieblingsbeschäftigungen nach: Zappen und Schlafen.

Rechte Lust, meine Zelle zu verlassen, verspürte ich nie. Nicht einmal der Hofgang reizte mich. Für mich war Ausgang etwas, das sich nicht auf den Innenhof einer Strafanstalt beschränken läßt.

Morgens schaltete ich bereits beim Aufstehen den Fernseher an. Es war eine Reflexhandlung. Auf allen französischen, holländischen und belgischen TV-Kanälen dominierte ein Thema: Festina und Willy Voet. Ich fühlte mich dafür verantwortlich, dieses höllische Medienspektakel in Gang gesetzt zu haben. Meine Mannschaft war angetreten, um die Tour zu gewinnen, und wegen mir war alles gefährdet. In den Tagen eines solchen Saisonhöhepunkts kann die kleinste Unannehmlichkeit bereits die Moral eines Fahrers ruinieren. Und an dem, was durch mich losgetreten worden war, hatten sie mächtig zu knabbern.

Jean-Claude Killy, Jean-Marie Leblanc und Bernard Hinault bemühten sich mit ernster Miene vor Millionen von Fernsehzuschauern um Schadensbegrenzung. Für wie dumm hielten sie die Öffentlichkeit? Wem wollten Hinault und Leblanc weismachen, daß sie von den Dopingpraktiken selbst überrascht worden seien? Als ob sie nicht wüßten, daß im Hochleistungssport ohne Chemie nichts läuft. Und dann diese Moralpredigt eines Fernsehkommentators, den ich später – und ich war nicht der einzige – in einem Nachtklub sah, wie er, sternhagelvoll, sich auf einem Sofa lümmelte und sich einen Joint reinzog.

Ich jedenfalls war ziemlich niedergedrückt, und auch die erste Stellungnahme von Bruno Roussel klang für mich alles andere als ermutigend: »Diese Affaire muß aufgeklärt werden. Ich will dazu schnellsten von der Polizei gehört werden. Meine Fahrer vor allem sollte man in Ruhe lassen.« Würde der Teamchef mich womöglich fallenlassen? Er, der mir wiederholt versichert hatte, daß er auf meine Familie und mich Rücksicht nehmen würde, falls einmal etwas

Schlimmes eintreten würde. Wirklich? Ich konnte darauf nur hoffen.

Während der turbulenten französischen Tour-Wochen war der UCI-Präsident, der Niederländer Hein Verbruggen, selbst auf Tour: In Kuba fanden die Junioren-Bahnweltmeisterschaften statt. Danach düste er nach Indien … *

Ich spürte ein unheimliches Bedürfnis, mich mit jemandem auszusprechen, mir alles von der Seele zu reden. In so einem Moment wäre Serge, einer meiner drei Wärter, dafür genau der Richtige gewesen. Mit ihm verstand ich mich am besten. Während seines Dienstes besuchte er mich mindestens zweimal, mitunter dreimal. Wir schauten uns gemeinsam an, was gerade im Fernsehen lief, oder wir unterhielten uns über den Radrennsport. Bei Dienstschluß verabschiedete er sich regelmäßig von mir.

Am Nachmittag verstummten alle Diskussionen um mich. Der Fußball war wieder König: Die *Equipe tricolore* bestritt das Endspiel um die Weltmeisterschaft. Ich habe zwar einen belgischen Paß, aber im Herzen bin ich doch Franzose. Seit 15 Jahren lebe ich in Frankreich, meine Frau ist Französin, und meine Kinder sind französische Staatsbürger. Am Bildschirm habe ich gefiebert, gezittert und alles andere vergessen. Welches Glücksgefühl – über zweimal 45 Minuten. Nach dem Schlußpfiff erlebte ich die Freudentränen von Trezeguet. Die Kamera übermittelte Emotionen pur. Ich mußte

* Er schaute 1988 ein einziges Mal bei der Pau-Etappe für zwei Stunden vorbei, wobwei er geflissentlich Kontakte zu den Fahrern vermied; Jean-Marie Leblanc in einer Pressekonferenz am 30. Juni 1999 süffisant: »… Seit zehn Jahren respektiert die Société du Tour de France die Institutionen und die Zuständigkeit der Fachverbände, und falls der Präsident der UCI nicht in Urlaub ist und sich die Tour anschauen möchte, werden wir ihn gebührend empfangen …«

mitweinen, denn diese Gefühlswelt hatte ich im Radsport oft live erlebt. Bilder der Vergangenheit waren mit einem Male wieder präsent: Luc Leblanc in Agrigent, 1994, im Regenbogentrikot, drei Jahre später dann Laurent Brochard in San Sebastian. Ich starrte noch immer wie gebannt auf den Bildschirm und sah die unzähligen Menschen, wie sie voll überschwenglicher Freude die Champs-Elysées hinunterzogen. Auch die Festina-Fahrer in ihrem Hotel wurden gezeigt. Sie waren vor Begeisterung außer sich und sangen die französische Textversion von *We are the Champions*. Es war unglaublich bewegend.

Am Montag fand eine riesige Fußball-Nachbetrachtung im Fernsehen statt. Es schien, als hätte die Tour de France einen außerplanmäßigen Ruhetag: Kaum etwas in Wort und Bild über Tom Steels, den Sieger des Prologs in Dublin, oder über den Sturz von Chris Boardman. Genausowenig über Jan Svorada in Cork. Willy Voet war auch kein Gesprächsthema mehr. Ich hatte nichts dagegen – im Gegenteil! Die Printmedien jagten mich indes weiter. Der Direktor des Gefängnisses hatte, so wurde mir zugetragen, offenbar alle Hände voll zu tun. Sein Telefon stand nicht mehr still. Die Journalisten wollten sich vergewissern, daß ich nach wie vor in seiner Anstalt einsaß.

V. Kapitel

Das Nachwuchs-Dope

Mein Vater war Lokführer bei der SNCB, dem Pendant zur französischen Staatsbahn SNCF. Meine Mutter flocht in Heimarbeit Sitzflächen für Stühle, eine Handvoll in der Woche, immerhin ein Zubrot. Damals drehte sich ansonsten bei uns zu Hause fast alles um den Fußball. Kein Wunder, mein Vater war beim FC Malines Vertragsspieler, noch dazu ein erfolgreicher. Mit seinen Prämien konnte er uns 1951 ein kleines Haus kaufen. Erst als er seine Stiefel, er spielte rechter Verteidiger, an den berühmten Nagel hing, schloß er sich einem Radsportverein an. Er war bei den Senioren, während ich, 15, schon bei den Dijlespurters in Malines um Sieg und Platz strampelte. Ich fuhr in einem weißen Trikot mit schwarz-gelb-rot Streifen, den Nationalfarben Belgiens. Natürlich durfte auch der Schriftzug unseres Sponsors nicht fehlen: Pilsor Lamot – eine Biermarke.

Um es gleich vorwegzunehmen: Ich war – bei allem Wohlwollen – nur Mittelmaß. In meiner besten Saison brachte ich es auf neun Siege und insgesamt auf zwanzig Erfolge. Damals mußte ich in der Kategorie Junioren unter anderem gegen Eddy Merckx, Hermann van Springel und Walter Godefroot antreten. Ein einziges Mal bezwang ich van Springel in Kappelen opden Bos. Boß war ich, wohlgemerkt, nur an einem Tag, denn zu dem illustren Kreis meiner Gegner durfte ich mich nie zählen. Merckx, damals bereits ein Abonnements-Sieger, gewann in der Regel 30 Rennen pro Saison. Er, später »der Kannibale«, war längst ein Großer unter uns Kleinen.

Von Doping sprach man seinerzeit sehr zaghaft, sozusagen hinter vorgehaltener Hand. Mit 18 Jahren wurde ich Amateur. Ein Amateur »reinsten Wassers«, aber eher in finanzieller Hinsicht. Denn damals, 1962, schnupperte ich schon einmal an Amphetaminen. Zu jenem Zeitpunkt lief es bei mir gut. Eines Sonntags sollte Evere, nahe Brüssel, wo mein Onkel und meine Tante wohnten, Austragungsort eines Rennens sein. Ich radelte mit meinem Klubkameraden Gérard hin. Die Anfahrt, rund 20 Kilometer, war zum Aufwärmen gerade recht. Mein Vater folgte uns mit seinem Mofa.

Unterwegs flüsterte Gérard mir zu, daß er sich kleine weiße Tabletten besorgt habe. Er wollte mir zwar deren Herkunft nicht verraten, redete mir aber dennoch gut zu: »Du hast im Moment ›gute Beine‹ und fährst zudem vor deiner Familie. Probier sie mal. Du wirst schon sehen, wie die Dinger wirken.« Ich war erst sehr reserviert, ging aber dann doch auf das Angebot ein. Die Einnahme war ein Kinderspiel. Eine Pille eine halbe Stunde vor dem Start, die zweite nach halber Renndistanz.

Ich schluckte die erste und ging zur Einschreibkontrolle. Die Haare auf meinen Armen standen in die Höhe wie bei einer Fußmatte, und mir liefen Kälteschauer über den Rücken. Die orale Gabe wirkte bereits. Ich mußte tief atmen. Von Beginn an fuhr ich wie eine Rakete. Und ich war nicht der einzige. Ich hatte einen derart leichten und runden Tritt, daß es mir schon unheimlich wurde. Ich verspürte keinen Hunger, hatte aber ungemeinen Durst auf der ganzen Strecke, die ungefähr 120 Kilometer lang war. Ich fühlte mich wie ein kleiner Leader. Im Feld fuhren Willy In'T Ven, Julien Stevens, George Pintens, Willy Vekemans. Sie waren etwas älter als ich und standen kurz vor dem Wechsel ins Profilager. Einige von ihnen wurden später Domestiken von Merckx. Und ich, der kleine Willy, gab ausgerechnet diesen Kraftpaketen das Renntempo vor! Sie musterten meine Miene, und mit Kennerblick erkannten sie mein Rezept.

Dann setzte ich mich von unserer sechsköpfigen Ausreißergruppe ab. Auf rund 15 Kilometern fuhr ich am Anschlag. Ich fühlte mich derartig in Form, daß ich nicht einmal zu einem Energieriegel gegen einen eventuellen Hungerast griff. Ich verzichtete auf die zweite Tablette, aber mehr aus Angst: Ich glaubte schon, meine Pumpe könnte womöglich herausfliegen. Diese Euphorie hielt bis zwei Runden vor Schluß an. Dann meldete sich – ohne Vorankündigung – der berühmte »Mann mit dem Hammer«. Er erschlug mich förmlich. Mir wurde so schwarz vor Augen, daß ich die Strecke nur noch verschwommen sah. Die Verfolgergruppe schloß auf. Mit allerletzter Kraft rettete ich meinen sechsten Platz ins Ziel. In der Kabine rüffelte mich Gérard: »Warum, zum Teufel, hast du während des Rennens nichts gefuttert? Und weshalb hast du die zweite Pille nicht genommen?«

Ich blieb bis zum 23. Lebensjahr Amateur. Im Laufe der vielen Rennen verlangte mein Vater immer mehr von mir. Ihm gefiel die Szene, die Champions und die großen Schlitten, die sie begleiteten. Er wollte, daß ich einer von ihnen wäre. Ausgerechnet ich, der auf Amphetaminen abfuhr – nicht immer, aber immer öfters. Sagen wir in jedem fünften Rennen, und zwar dann, wenn ich spürte, daß ich einen Coup landen konnte.

In meinem zweiten Amateurjahr pflegte mich Jef Van Kerckoven, der vom Rennsattel auf Masseur umgesattelt hatte. Er war es, der mich in die hohe Schule des Dopings einführte. Jetzt ging es nicht mehr um Mittelchen, sondern um Mittel, es wurde regelrecht geklotzt und nicht mehr gekleckert. So wurden beispielsweise Tabletten unmittelbar vor dem Start nicht mehr verabreicht. Die »Präparation« erstreckte sich auf eine Woche. Zwei männliche Hormonsubstanzen wurden als Trinklösung oral eingenommen. Die Wirkung hielt zwei Monate an. Das hatte mit einer schnell eingeworfenen Tablette nichts mehr gemein. Es war eine Vorstufe der Medikation.

Mit 18 Jahren ging ich von der Schule ab. Vorübergehend arbeitete ich zwei Jahre in einer kleinen Werkstatt in Malines als Tankwart. Dann mußte ich zum Militärdienst einrücken. 15 Monate chauffierte ich als Fahrer einen Oberst in Siegen durch die Gegend. Nachdem diese Geschichte in Deutschland rum war, meldete mich mein Vater für einen zweiwöchigen Radsportlehrgang an, den der Exprofi Desire De Sloove in Desenzano, nahe dem Gardasee, abhielt. Er selbst betrieb in Malines ein großes Fahrradgeschäft. Die zwei Wochen kosteten 6000 Francs. Ich fuhr in Begleitung eines Kumpels, Johnny van Camp, dorthin. Wir wohnten in einem kleinen Hotel zusammen mit einigen Profis aus der Mannschaft Solo Superia unter van Looy.

Wir hausten zu viert in einem Raum und hatten Roger Kint und Julien Verstrepen als Zimmergenossen. Während der bis zu 150 Kilometer langen Ausfahrten wurden wir regelmäßig abgehängt und kamen abgeschlagen ins Hotel zurück. Kein Wunder, die anderen hatten sich mit Amphetaminen vollgepumpt. Eines Morgens ertappte ich Roger Kint dabei, wie er sich eine Spritze subkutan in den Arm setzte. Jetzt wußte ich, warum es bei den anderen so gut lief. Bei dem zweiwöchigen Lehrgang hatte ich acht Kilogramm abgenommen. Und bei den ersten Rennen danach auf heimischem Boden war ich von Anfang an von der Rolle – so ausgelaugt war ich.

Damit ich den Rhythmus nicht ganz verlor, hatte mir mein Vater einen Job als Zeitungsauslieferer besorgt. Rund 200 Zeitungen –

quer durch den Blätterwald – jonglierte ich morgens um 5 Uhr auf meinem vorderen Gepäckträger: *Le Soir, Het Laatste Neuws, Het Nieuwsblad, Het Volk.* Allein mein Schlachterfahrrad wog mindestens 25 kg, zuzüglich 50 Kilogramm bedrucktes Papier … Ich brauchte für diese Tour den ganzen Vormittag. Nach einem Schläfchen konnte ich nachmittags – ohne die verdammten Zeitungen – trainieren.

Nach zwei Jahren beendete ich meinen Auslieferjob, und damit klang zugleich meine sportlich unauffällige Karriere bei den Amateuren aus. Sechs Monate hat mein Vater kein Wort mehr mit mir gesprochen. Ich wurde Busfahrer auf der Linie Malines – Vilvoorde – Brüssel und fuhr die Strecke viermal am Tag. Damit hatte ich definitiv mein Rad an den Nagel gehängt. Und die ehrgeizigen Pläne meines Vaters mit dazu.

Aber das Schicksal holt einen irgendwann so oder so wieder ein. Ich hatte gerade eine Handvoll Fahrgäste an einer Haltestelle abgesetzt und beim Anfahren gehupt, als Ward Janssens, der Sohn unseres Schlachters, und Jef Schoenmaker, beide gestandene Profis, mir zuwinkten. Sie dachten sicher, daß mein Hupen ihnen gegolten habe. In unserem Radsportland waren sie damals, 1972, bekannte Größen. Mit beiden bestritt ich jahrelang Rennen.

»Vermißt du gar nicht die Rennen? Komm doch mit zum Großen Preis von Fourmies. Wir werden am Start sein.«

Warum eigentlich nicht? Ich hatte ohnehin nichts Besonderes vor. Am Renntag fand ich mich morgens bei Ward Janssens ein. Etwas Nostalgie befiel mich schon, denn vor etwa sechs Jahren war ich noch selbst in den Sattel gestiegen. Nach unserem Wiedersehen begleitete ich Ward regelmäßig zu den Rennen und lernte so den Vicomte Jean de Gribaldy kennen. Der Graf war zu jener Zeit unter Guillaume Driessens Sportlicher Leiter des Rennstalles Magniflex, für den Ward fuhr. An den Wochenenden begann ich, den Mannschaftsbetreuern zur Hand zu gehen. Ward bat mich ab und zu ihn zu massieren, und schnell merkte er, daß ich dafür ein Händchen hatte.

Ende 1976 schrieb ich mich bei BLOSO, einem bekannten Genter Sportinstitut, zu einem 18monatigen Crashkurs ein. Auf dem Programm standen Anatomie, Erste Hilfe und natürlich Massage. Doch aus mir wurde nie ein Gust Naessens, Maurice Depauw, Guillaume Michiels oder ein Jef D'Hondt, damals die Magier und Halbgötter des Pelotons. Diese Pfleger waren die Schrittmacher der Fahrer. Wer von ihnen behandelt wurde, verbesserte nicht nur seine Siegchancen, sondern erwarb sich auch die Achtung des Fahrerfeldes. Ich brauchte rund acht Jahre, um mein Handwerk zu erlernen und als Betreuer anerkannt zu werden. Der berufliche Durchbruch gelingt früher, wenn man sich um die Beine eines Champions kümmert. Vorher habe ich an Sonntagen sporadisch für die eine oder andere Mannschaft gearbeitet. Mal für den Rennstall Frimatic unter de Gribaldy, mal für Safir, C. A. oder Reno. Ich wurde schwarz bezahlt – ein besseres Trinkgeld: 70 Francs pro Tageseinsatz.

Ich mußte mich bis 1979 gedulden, bevor ich meinen ersten offiziellen Profivertrag unterschreiben konnte. Es war bei Flandria, einem Team, das Jean de Gribaldy unter Assistenz von Briek Schotte leitete. Deren Aushängeschilder waren die Fahrer Freddy Maertens und Joseph Bruyère. Ich hatte einen Zehnmonatsvertrag. Zu jener Zeit waren nur Amphetamine nachweisbar. Dopingkontrollen wurden erst eingeführt, nachdem bei der Tour 1967 der Brite Tom Simpson am Aufstieg zum Mont Ventoux sterbend von seinem Rad fiel (Anm.: Amphetamin-Doping). Hingegen waren Anabolika, Steroide und Corticoide schon branchenüblich und nicht allein auf das Team Flandria beschränkt.

Am Anfang waren die Fahrer argwöhnisch. Als Neuankömmling war ich ihnen suspekt. Ich brauchte mindestens zwei Saisons, bis ich ihr Vertrauen erworben hatte. Aber der erste Typ, der mich zum Ritter schlug, war ein Pfleger. In seinem Zimmer sah ich, wie er sorgfältig die gängigen Mittel aus seinem riesigen Koffer hervorholte und sie auf seinen Tisch aufstellte. Als ob er eine Vitrine dekorieren wollte. Es war der Schatz der Piraten.

Er war es, der mich in das Dopingfach einweihte, mir viele Dinge zeigte, aber noch mehr verheimlichte. Ich wurde in diesem Kreis geduldet, aber nicht definitiv aufgenommen. Wenn beispielsweise ein Fahrer nach einem Schlafmittel verlangte, drehte er den Schlüssel im Türschloß um. Ein Geheimnis wurde lächerlich streng gehütet, selbst wenn es keines war. Ein Kollege war dafür bekannt, daß er geheimnistuerisch alles versteckte, Etiketten entfernte und Massageöl umfüllte. Als er eines Tages die Trägerhose von Walter Planckaert am verlängerten Rücken einfetten wollte, um zu vermeiden, daß der Rennsattel das Gesäß wund scheuerte, unterlief ihm ein verhängnisvoller Irrtum: Er trug ein Wärmetherapiemittel zur lokalen Behandlung auf ... Der arme Walter!

Meine Lehrjahre verliefen rein empirisch. Ich sperrte einfach Augen und Ohren auf und merkte mir, was ich dabei mitbekam. Besonders lehrreich waren die Diskussionen mit Fahrern, denn sie besaßen ein teilweise erstaunliches pharmazeutisches Fachwissen. Wenn ich nur daran denke, daß genau diese Leute nach positiven Kontrollen regelmäßig schwören, daß sie »ohne ihr Wissen« gedopt wurden! Sie wußten genau, was sie nahmen, und daran hat sich bis heute nichts geändert. Vermutlich waren sie mir darin überlegen! Denn sie kennen ihren Organismus, Reaktionen, Präparate, Behandlungsintervalle und die Dosen. Radprofis sind durch und durch Allrounder – vor und nach dem Rennen. Gewöhnlich behaupten sie schalkhaft: »Ich habe nie etwas genommen, mir wurde immer alles angetragen.« Nur der *Pot belge* bleibt – selbst für Fahrer – eine geheimnisvolle belgische Rezeptur, weil dessen Inhaltsstoffe variieren können. Und trotz seines stolzen Preises ist dieser Cocktail ein Arme-Leute-Amphetamin. Anfang der achtziger Jahre hießen seine Vorgänger Tonedron oder Pervitin, aber im Vergleich zu heute waren das noch Bio-Produkte, bei denen nur der Kunstdünger nachts heimlich gestreut wurde.

Wenn das Getriebe im Räderwerk gut geölt ist, ist der Pfleger nur ein Erfüllungsgehilfe, der sich auf wohldosierte »Präparationen« beschränkt. Doch es dauert lange, bis das Tandem Fahrer/Pfleger hochtourig fährt. So ist es kein Zufall, daß namhafte Pfleger auch Spitzenfahrer betreuen. 1979 hatte ich vier Asse: Ward Janssens, René Bittinger, Jacques Michaud und Joaquim Agostinho. In den Anfängen massierte ich nur, Pflegefunktionen kamen erst nach und nach dazu. »Meine« allererste intravenöse Spritze – ein Regenerierungspräparat – konnte ich nur einem Fahrer wie Janssens setzen: ein geborenes Versuchskaninchen. Zum Schluß trieb er mich sogar an: »Du mußt dir das antrainieren.« Ich war schweißgebadet.

»Los, stich. Nun mach schon. Schau, das ist eine richtige Autobahn.«

Ich zitterte. Er packte mich am Arm und führte meine Hand. Ich stach in Butter.

Nach dieser Premiere mußte ich in pharmazeutischer Hinsicht natürlich vielseitiger werden: Amphetamine subkutan in den Arm oder in den Bauch, Corticoide, Steroide und Anabolika, ja sogar Testosteron intramuskulär ins Gesäß. Mit der Zeit wurde es Routine, ein grauer Spritzenalltag. Niemandem in der Szene kam es in den Sinn, an Betrug, Mauschelei oder Risiko zu denken. Nur bei den nachweisbaren Amphetaminen wurden wir uns unserer illegalen Praktiken bewußt.

Für große Rennen oder individuell gewählte Renntermine injizierten wir neben der üblichen »Präparation« eine Ampulle Deca-Dorabulin 25 mg oder 50 mg, ein männliches Hormon, das den Anabolika zugeordnet wird. Die Fahrer nahmen eine Spritzampulle mit 25 mg eine Woche vor dem Tour-Start und eine weitere bei »Halbzeit«, gewöhnlich vor Beginn der Bergetappen. Vorteil: der Effekt verlängerte sich gut einen Monat. Nachteil: das Produkt blieb lange im Urin nachweisbar.

Für die Klassiker – und je nach Saisonvorbereitung – nahmen die Fahrer eine Ampulle Synacthen Retard oder Synacthen, was die Drüsenfunktion anregt und somit die Cortisonproduktion favorisiert. Da die Frühjahrsklassiker-Saison sich immerhin über anderthalb Monate erstreckt – von Mitte März bis Ende April –, wählten die Fahrer stufenweise Drei-Tage-Intervalle.

Selbst das Amphetamindoping war an der Tagesordnung. Die Kontrolleure reisten in der Regel nur zu Rennen der ersten Kategorie an: zu großen und »kleinen« (fünftägige) Rundfahrten, Klassikern und Halbklassikern. Für alle übrigen Wettkämpfe kursierten im Fahrerfeld zutreffende Spitznamen wie »Großer Preis der Dampfkessel«. Hier fuhren die Fahrer in hochgedopter Gesellschaft, noch dazu straffrei.

Eine Tour de France konnte einen solchen pharmazeutischen Turbo-Betrieb nicht stoppen. Ganz im Gegenteil …

VI. Kapitel

Ein Schläuchlein im Anus

Freitag, 17. Juli: Niemand hatte mich so recht informiert, nicht einmal Serge. Er muß sicher freigehabt haben. Mich erwartete eine riesige Überraschung, die aber auch leicht zu einem Schock hätte führen können. Der siebente Tag meiner U-Haft verlief wie sonst auch üblich, bis plötzlich gegen 13.45 Uhr ein Wärter in meine Zelle hereinschneite.

»Sie werden im Sprechzimmer erwartet.«

Ich nahm an, daß mein Anwalt, Ludovic Baron, etwas mit mir bereden wollte. Der Weg ins Sprechzimmer führte durch zahllose Türen und über lange Flure.

»Da wären wir«, bekam ich gesagt, »Raum 16.«

Ich trat ein – und war wie vom Donner gerührt. Meine Frau strahlte mich lächelnd an. Ein unbeschreibliches Glücksgefühl stieg in mir hoch. Wir saßen uns gegenüber, sahen uns an und weinten. Lediglich ein Tisch mit einer Plexiglaswand darunter und darüber trennte uns. Nur ganz allmählich fanden wir wieder zu Worten. Wir sprachen über unsere Kinder, die Sylvie sicherheitshalber bei Eric Caritoux untergebracht hatte.

Meine Frau erzählte mir, daß Bruno Roussel sie aus Irland angerufen habe. Festina würde alle Kosten übernehmen, auch die des Unterhalts meiner Familie, falls die Inhaftierung sich länger hinziehen würde. Nur sollte ich in jedem Falle aussagen, daß die Medikamente, mit denen ich erwischt worden war, lediglich für meinen persönlichen Bedarf bestimmt gewesen seien. Dieses Ansinnen verunsicherte meine Frau nur noch mehr, zumal Bruno sie darum gebeten hatte, sie möge meine Kalender verbrennen. Sylvie, die über meinen Fall nur aus den Medien wußte, tat dies nicht.

Mindestens zehnmal verabschiedeten wir uns voneinander, weil uns die Schritte von Wärtern im Gang das Ende der Besuchszeit signalisierten. Als es dann tatsächlich soweit war und ich in meine Zelle zurückgeführt wurde, hatte ich das Gefühl, die alleinige Spitze eines Doping-Eisberges zu sein.

Einem breiten Publikum wurde erstmals 1978 bewußt, daß Dopingkontrolleure dazu da waren, um ausgetrickst zu werden.* 16. Juli 1978: Etappenankunft in Alpe d'Huez und zugleich Schlüsselerlebnis für viele Radsportbegeisterte. Der große Verlierer war indes der Radsport. Bei dem legendären Aufstieg nach Alpe d'Huez hatte der Belgier Michel Pollentier vom Team Flandria die Nase vorn. Bei seinem Husarenritt eroberte er das Gelbe Trikot des bisherigen Spitzenreiters Joseph Bruyère. (Bergankunft: Pollentier vor Hennie Kuiper und Bernard Hinault.) Dem Sieger stand schon damals die obligatorische Dopingkontrolle bevor. Stolz wie ein Pfau schritt der ahnungslose Pollentier zu einem kleinen Fahrzeug, einer umfunktionierten Bühne für das Spiel hinter den Kulissen. Nur Routine. Denn: Der schlitzohrige Pollentier hatte eine Gummispritze, die Fremdurin enthielt, unter seiner Achselhöhle verborgen, wobei der Schlauch an dem langen Ärmel seines Trikots bis zum Handgelenk entlangführte.

* Rechtlich steht dem Radsportler zu, eine dritte Person mitzubringen, die die Dopingkontrolle überwacht und die Korrektheit des Verfahrens bestätigt. Die Frage ist nur, wer überwacht wen, beziehungsweise was ...

Das Schlauchende war mit einem kleinen Pfropfen verschlossen. Als es nun galt, die zwanzig Zentiliter abzuzapfen, geriet Pollentier arg ins Schwitzen. Da er sich kategorisch weigerte, sein Trikot auszuziehen, war zwar die Radsportwelt um eine (erfolglose) Variante reicher, aber zugleich ärmer – sie war geschockt. Und der Pfau ließ natürlich Federn: Pollentier wurde disqualifiziert, mußte heimfahren und wurde für zwei Monate gesperrt.

Als ich mich eines Tages mit Fred de Bruyne, dem seinerzeitigen Sportlichen Leiter von Pollentier, über die vielfältigen Manipulationen bei Dopingkontrollen unterhielt, erfuhr ich zugleich den Hintergrund des damaligen Betriebsunfalles: Der Schlauch war auf Grund eines Sabotageaktes verstopft gewesen!

Meines Wissens setzte nach diesem Vorfall auch keiner mehr auf dieses Verfahren. Doch der menschliche Geist ist nun mal kreativ, pfiffig, durchtrieben und gibt vor allem niemals auf. Das nennt man wohl auch Fortschritt, und an Beispielen solchen Schaffens mangelt es weiß Gott nicht. André, ein belgischer Masseur des Ijsboerke-Teams, vertraute mir vor rund zwanzig Jahren das Geheimnis einer Urinmanipulation an.

Die Öffnung eines halbharten, biegsamen Gummischlauches wurde mit einem Pfropfen, zumeist einem Korken, verschlossen. Am anderen Ende zog man – etwa bis zu einem Drittel des Schlauches – ein Kondom auf. Um bei diesem Manipulationsakt auf Nummer Sicher zu gehen, wurden einige Haare, vorzugsweise Teppichbodenqualität, auf den Schlauchschaft geklebt.

Im Mannschaftswagen, wo sich die Fahrer vor der Dopingkontrolle gewöhnlich umzogen, erfolgte der eigentliche Akt: Das Präservativ mitsamt seinem Schlauch wurde in den Anus eingeführt und »sauberer« Fremdurin injiziert. Dann wurde der Auslaß des Schlauches verkorkt und an die Haut geklebt, wobei der herausragende Teil eng an dem Damm – bis hinauf zu den Hoden – anliegen mußte. Die aufgeklebten Haare hatten mithin eine konsequent durchdachte Tarnfunktion, insbesondere dann, wenn der beaufsichtigende Arzt sich einmal bücken sollte. Das mit Harn gefüllte Kondom hatte zudem genügend Freiraum im Anus, so daß der Fremdurin auf Körpertemperatur gehalten werden konnte! Tatsächlich kamen uns die Kontrollärzte nie auf die Schliche. Mit diesem Trick habe ich – ohne jeglichen Streß – drei Jahre gearbeitet.

Mein Versuchskaninchen war 1980 ein zweitklassiger Fahrer von der Mannschaft Marc Zeep Central. Alles lief wie am Schnürchen. Die Technik war nicht nur zuverlässig und praktisch, sondern auch benutzerfreundlich. Ein Klassiker-Spezialist konnte nach seinem Sieg in der Flandern-Rundfahrt die Zuverlässigkeit erproben. Trotzdem: Eine gewisse Kaltblütigkeit gehörte ganz einfach mit dazu, um sich mit dieser »reinen« Urinpackung im Gesäß vor den Kontrollärzten zu präsentieren. Radsportprofis müssen nicht nur Kämpfernaturen sein, sondern auch Schauspieler. Seit der Pollentier-Schlauchpanne mußten sich die Fahrer im mobilen Doping-Kontrollraum zumeist nackt präsentieren. Nichts unter den Armen, nichts in den Taschen, da mußte wohl oder übel ein anatomisches Versteck herhalten.

Trotz des kleinen Kreises von Mitwissern – überwiegend belgische Fahrer – wurde der Trick schon bald bekannt und damit im Laufe der Jahre untauglich. Wenn ein Fahrer oder ein Pfleger eine Dopingkontrolle umgangen hatte, sprach er darüber, voller Stolz, unter dem Siegel der Verschwiegenheit mit einem seiner Kollegen. Diese Kettenreaktion führte schließlich dazu, daß das gesamte Peloton – immer unter dem Siegel der Verschwiegenheit – davon Wind bekam. Eines Tages wurde ein bekannter deutscher Fahrer im eigenen

Land bei dieser Urinmanipulation erwischt. Auch er hatte davon gehört. Unter dem Siegel der Verschwiegenheit …

In der Reihe der Kniffe, mit denen Mediziner gelinkt wurden, gab es aber auch wesentlich simplere. Vom beauftragten Arzt und seiner Laune hing es ab, ob ein Fahrer zum Wasserlassen in der Trägerhose antreten durfte. Oft ging das, wenngleich bei geöffneter Tür, aber immerhin … Falls ein Glasfläschchen vorher in das Renntrikot eingeschmuggelt worden war, konnte eigentlich nichts mehr schiefgehen. Ich mußte dann nur noch die Aufmerksamkeit des Arztes im entscheidenden Moment ablenken. So etwas gehört mit zum Geschäft. Falls der Fahrer sich ausziehen mußte, war natürlich Nervenstärke gefragt. Während mein Schützling sich seiner Textilien entledigte und unter dem Vorwand des »Nicht-Müssens« etwas trank, hob ich seine Trägerhose mit dem getürkten Fläschchen auf. Die Prozedur konnte sich schon mal etwas hinziehen. In dieser Zeit gelang es mir gewöhnlich, das Fläschchen in einer Ecke des Raumes zu deponieren. Bevorzugte Verstecke: Vorhang, Spülkasten oder Ablagebrett. Sobald der vom Warten genervte Arzt aufstand oder einige Schritte machte, nahm der Fahrer das Fläschchen diskret an sich. Wir waren allemal ausdauernder als der Kontrolleur. Und: Mediziner, selbst die gewissenhaftesten, waren nicht wie Zöllner – pingelig!

Natürlich gab es noch andere Techniken. Zum Beispiel die eines Gipsverbandes, der ein Kondom mit Fremdurin tarnen sollte. Gerade bei Rundfahrten sehr praktisch … Der Presse wurde einfach gemeldet, daß sich der Fahrer X verletzt hätte, aber trotz alledem an den Start gehen würde. Der Verband erregte so keinen Verdacht, zumal der Verletzte mit »letztem Einsatz« kämpfte. Beim Anlegen des Gipses setzten wir einen Metallzylinder ein, den wir vor dem Aushärten wieder entfernten. Jetzt mußte nur noch ein Präservativ mit »sauberem« Fremdurin her …

Die List ging sogar so weit, daß manche Fahrer Schmerzen auf sich nahmen. In einigen Teams war nämlich der Mannschaftsarzt Urologe, der den Urin vor einer Dopingkur vorsorglich einsammelte. In kritischen Situationen pfriemelte er dann einen Katheter durch die Harnröhre seines Schützlings. Die Fahrer mußten auf die Zähne beißen. Und das taten sie. Und wie!

Das I-Tüpfelchen möchte ich jetzt verraten: *Double face*, ein Flakon mit beidseitigem Klebeband. Eine Art Notbremse bei Dopingkontrollen, die ich Anfang der achtziger Jahre kreierte. Den Schutzfilm auf der zweiten Klebefläche zog ich erst im allerletzten Augenblick, unmittelbar vor dem Einsatz, ab. Das Haftvermögen sollte durch eventuelle Staubpartikel nicht beeinträchtigt werden. In dem Doping-Kabuff ging der Fahrer mit dem Rücken so zur Toilette, daß ich ihm den Flakon – für Dritte nicht wahrnehmbar – ankleben konnte. Das System setzte schon eine gekonnte »Raumaufteilung« voraus, denn der Fahrer mußte seinen Helfer vor kritischen Blicken abschirmen. Er mußte Rückendeckung geben. In der Toilette wurde der Urin ausgetauscht. Gewußt wie!

Leider gab es schon mal Betriebsunfälle, die durch die Transpiration des Fahrers verursacht wurden. Eines schönen Tages löste sich der Flakon vom durchgeschwitzten Rücken und fiel zu Boden. Jetzt hieß es, absolut cool zu bleiben! Zum Glück guckte der Kontrolleur gerade anderswo hin. Ich habe sofort auf die *Double face* das Trikot des Fahrers geworfen und ein Ablenkungsmanöver gestartet.

Wir waren vor unfreiwillig komischen Szenen nicht mehr sicher. Ein Kabinettstückchen bei einer Bergankunft in Alpe d'Huez 1979 verdanke ich nicht etwa einem Fahrer, sondern seiner Frau. Der betreffende belgische Profi hatte arge Schwierigkeiten: Rampen wie beim Aufstieg nach Alpe d'Huez waren nicht seine Stärke. Er injizierte sich vor dem Start Amphetamine satt. Nicht etwa, um den

Bergkletterern davonzufahren, nein, nur um den Kontrollschluß* nicht zu verpassen. Ich hatte ihn ausdrücklich gewarnt. »Paß auf, wir sind bei keinem Kirmesrennen, sondern bei der Tour de France. Und du kannst zur Dopingkontrolle ausgelost werden.« Doch er antwortete mir: »Die Wahrscheinlichkeit dafür ist lächerlich klein. Eher scheißt eine Taube mir aufs Haupt.«

Als er am Doping-Kontrollraum vorbeikam, an dem die Namen der zu kontrollierenden Fahrer bereits eine Stunde vor Etappenankunft angeschlagen worden waren, begriff er rasch, daß ihm eine Taube sehr wohl aufs Haupt geschissen hatte.

Ich schlug also Alarm. Es gab nur eine Rettung: ihm einen Flakon in seine Trägerhose zu schmuggeln. Danach mußte er sich selbst irgendwie aus der Klemme ziehen. Den Kontrollarzt, der als scharfer Wachhund bekannt war, durch ein Ablenkungsmanöver zu übertölpeln, war völlig ausgeschlossen. Die Körpersprache meines Schützlings, nicht gerade ein Waisenknabe, verriet Resignation. Ich war genauso betroffen wie er.

Der pure Angstschweiß stand auf meiner Stirn, als ich den Raum verließ. Völlig unerwartet wurde ich von der Frau des Fahrers, die auf einen Blitzbesuch gekommen war, angesprochen.

»Na, Willy, dauert es bei meinem Mann noch lange?«

Ich erklärte ihr die kritische Lage. Zu meiner Überraschung war ihr das völlig schnuppe.

»Das wird ihm eine Lehre sein.«

Ich zermarterte mir weiterhin den Kopf, wie ich meinem Fahrer bloß helfen könnte, als dessen Frau plötzlich zu Boden sank.

»Einen Arzt, schnell! Eine Frau ist ohnmächtig geworden«, rief jemand.

* Festgelegte Karenzzeit, gewöhnlich 15 Prozent, berechnet ab der Siegerzeit.

Der Polizist, der das hörte und die Doping-Kontrollzone überwachte, trommelte an die Tür des Raumes. Pflichtbewußt eilte der Arzt herbei. Zwei oder drei leichte Klapse auf die Wange, und schon kam sie wieder zu sich.

»Halb so schlimm. Wohl die Hitze!«

Abends trat dann der belgische Pedaleur, der natürlich die Gunst des Augenblicks für sich genutzt hatte, nicht mehr ganz so vollmundig auf.

Über die jeweilige Lage an der Doping-Kontrollfront pflegen die Fahrer sich gegenseitig durch Mimik und Gestik zu informieren. Körpersprache, die besagt: »Alles okay, der spielt mit.« »Ein scharfer Hund.« Oder: »Nur Adamskostüm.« Schon deshalb war es strategisch wichtig, nicht als erster antreten zu müssen.

Ungleich günstiger war es aber um die Chancen eines Champions bestellt. Das ist so wie bei einer Bank: Betuchte Leute bekommen einen Kredit um vieles leichter als arme Schlucker. In unserem Metier nicht anders: Ein namhafter Fahrer kann weitaus lockerer durch die Maschen des Dopingnetzes schlüpfen. Dank seines Renommees läßt sich selbst aus einer Pipi-Pflicht noch Kapital schlagen ... Die Kontrollärzte fühlten sich durch die Präsenz einer Kultfigur geschmeichelt. Sie sind empfänglich für kleine Gesten wie Autogramme, Händedruck, Lächeln oder ein persönliches Wort. Bei Sportstars ist man eben nachsichtiger.

Dante Rezze wird mir nicht widersprechen. Er arbeitete sich beim ehemaligen RMO-Team vom »Wasserträger« zum Edel-Domestiken hoch. Nach der Spanien-Rundfahrt präsentierte er sich 1989 kreideweiß bei einer Dopingkontrolle. Der Arme konnte, völlig ausgelaugt, nicht mal pinkeln. Die Dopingkontrolleure ließen ihn nicht aus den Augen. Er war höchst verdächtig. Das Mißtrauen lauerte an jeder Ecke.

Mitte der achtziger Jahre änderte sich die Szene. Immer häufiger mußten die drei Erstplazierten eines Rennens nach der Siegerehrung direkt zur Dopingkontrolle. Sie konnten sich nicht mehr wie früher im Mannschaftsbus umziehen. Die Verstärkung der Kontrollen und deren Systematisierung erschwerten die Manipulation. Amphetamine wurden immer weniger benutzt, abgesehen von den Rennen bei Saisonbeginn. Denn die Kontrollärzte reisten erst im März an, wenn Paris-Nizza oder Mailand-San Remo ausgetragen wurden. Allerdings ging man mit Doping-Anschub im Training ungebremst zur Sache. Unangekündigte Kontrollen wurden erst in der Folgezeit eingeführt. Beliebt war bis dato auch folgender Trick: Eine Mini-Spritze wurde innen im Trikot in Höhe des Bauches angeklebt oder angenäht. Bei Bedarf verabreichte sich dann der Fahrer diese Ein-Milliliter-Dosis an Amphetaminen.

Was die damals nicht nachweisbaren Substanzen anbetraf, war die Szene der Dopinganalytik immer einige Längen voraus. Cortison war im Urin – wie noch heute – nicht nachweisbar. Testosteron war vier Tage nach Einnahme nicht mehr aufspürbar, bestimmte Anabolika nach sieben Tagen … Und die Fahrer redeten sich selbst ein: »Kein positiver Befund, von daher von Doping keine Spur.«

VII. Kapitel

Fruchtriegel mit Einlage

Der Untersuchungsrichter hatte mir eine Haftdauer von nicht mehr als einer Woche in Aussicht gestellt. Wir schrieben den 20. Juli 1998: Zehn Tage hatte ich schon in meiner Zelle abgebrummt. Und zwei Tage zuvor war die gesamte Festina-Mannschaft von der Tour ausgeschlossen worden – ein Tiefschlag, der mir mächtig zu schaffen machte. Immer wieder stiegen vor meinem inneren Auge die Bilder von Virenque auf, wie er unter Tränen das Café *Chez Gillou* verließ. (Anm.: Festina war vor dem Einzelzeitfahren disqualifiziert worden, und eine Handvoll Fahrer hatte sich in dem besagten Lokal über die weitere Marschroute beraten.) Das tat ungemein weh, ich kam mir wie ein reuiger Schuft vor. Die Ambitionen der weltbesten Mannschaft hatte ich zunichte gemacht – ein Alptraum, der mich auf Schritt und Tritt verfolgte. Der Gedanke allein, den Knast zu verlassen, ließ mir eine Gänsehaut über den Rücken laufen. Schlimmer noch: Ich malte mir aus, wie ich nach Passieren des Gefängsnistors gelyncht werden würde. Klar, ich hatte einen Skandal sondergleichen ausgelöst.

Ich versuchte diese quälenden Gedanken zu verdrängen, als plötzlich ein Wärter vor mir stand.

»Komm mit, zwei Mann von der Kripo erwarten dich.«

Ging das ganze Theater nun wieder von vorne los? Was wollten die denn erneut von mir?

Die beiden Beamten zeigten mir ihre Dienstausweise und erklärten mir den Grund für ihren Besuch. Ich sollte ihnen schlüssig beweisen, daß ich tatsächlich für Festina arbeitete. Irgendwelche Dokumente konnte ich ihnen natürlich nicht vorlegen, und so gingen wir gemeinsam zur Asservatenkammer, wo meine persönliche Habe aufbewahrt wurde. Sie nahmen sich meinen Aktenkoffer und den Reisesack vor, die beide sicherlich bereits hinreichend gefilzt worden waren. Trotzdem interessierte sie alles und jedes – vor allem mein sogenanntes Fahrtenbuch der laufenden Saison, das sie vereinnahmten. Dennoch: Die beiden Typen von der Kripo waren schon in Ordnung – gar nicht so verbissen und unnahbar. Der eine erklärte sogar, daß mich die »Einfuhr venöser Substanzen«, wie er das nannte, sehr teuer zu stehen kommen könnte.

»Mann, warum bitten Sie nicht um ein Gespräch mit dem Untersuchungsrichter vor der nächsten offiziellen Anhörung am Freitag, um die Angelegenheit ins reine zu bringen. Falls gewünscht, könnten wir uns darum kümmern.«

Das ging nun wirklich nicht. Schon wegen meiner zuerst getätigten Aussage, wonach der Festina-Werkstattwagen die beanstandeten Substanzen transportiert habe.

Überzeugend muß ich allerdings nicht gewirkt haben, denn am 23. Juli sollte ich dem Untersuchungsrichter den Namen des Importeurs nennen. Ich saß in der Klemme und stammelte ein wenig herum, bevor ich ihn bat, dieselbe Frage anderntags erneut zu stellen, wenn Bruno Roussel und Eric Rijckaert zugegen sein würden: »Mir ist es lieber, wenn Bruno Roussel dazu aussagt. Falls er schweigt, werde ich auspacken.«

Der Richter war mit diesem Vorschlag einverstanden.

Zum Glück verschonte mich Bruno Roussel davor. Er war auf seiner Verantwortungsebene der vielleicht einzige gewesen, der verstand, daß leugnerisches Lügen in eine Sackgasse mündet. Man belügt letztlich nur sich selbst.

Mein Debüt als Pfleger im Profi-Radsport gab ich in den Jahren 1979–1981 bei den belgischen Rennställen Flandria, Marc Zeep Central und Daf-Truck. Während dieser Zeit machte ich die Erfahrung, daß die Mauschelei ganz einfach mit zu dieser Form des Lebens gehörte. So erinnere ich mich noch sehr genau an die Deutschland-Tour, Auflage 1979, die 1999 – einmal mehr – vom 28. Mai bis 3. Juni nach langer Versenkung wieder auflebte. Es war die große Zeit des deutschen Radsportidols Didi Thurau, der damals erwartungsgemäß siegte.

Vor der Schlußankunft in Dortmund mußte seinerzeit noch eine Etappe, die vorletzte, mit einem schweren, rund zehn Kilometer langen Anstieg gleich nach dem Start bewältigt werden. Albert Van Vlierberghe von der Werksmannschaft Flandria, beileibe kein Kletterer, hatte sich eine Hase-und-Igel-Taktik ausgedacht.

»Fahr mich da mit dem Wagen hoch! Die werden, das steht fest, vom Start weg Tempo machen. Und ich werde denen die ganze Zeit nur hinterherfahren.«

Noch jung im Fach, widersprach ich ungern den Fahrern. Ich hatte Angst – um Albert und um mich.

»Mach dir keine Sorgen, Willy. Sollte mich wirklich jemand sehen, sagen wir einfach, daß ich aufgegeben habe.«

Eine Viertelstunde vor dem Start brausten wir auf die Bergkuppe. Er im Outfit eines Pflegers – und ich mit einer Gänsehaut. Oben entdeckten wir am Straßenrand eine Scheune, wo ich ihn absetzte, denn ich mußte mich schließlich um die Verpflegungskontrolle kümmern. Mein Schützling versteckte sich hinter der Scheune. Seine Taktik ging auf: Weit vor dem Hauptfeld bolzte eine zwölfköpfige

Gruppe Tempo. Nach Durchfahrt der Pressefahrzeuge und den Ausreißern schmuggelte er sich, allein auf weiter Flur, ins Rennen ein. Wohlgemerkt, die Begleitmotorräder und das Peloton waren noch nicht in Sicht. Mühelos schloß er zur Spitzengruppe auf und wurde am Ende gar Sechster in der Etappenwertung.

Varianten dieser Art gibt es viele. Kraft in den Beinen allein bringt oft nichts, wenn nicht eine gehörige Portion Schlitzohrigkeit dazukommt. Nicht anders war das zu jener Zeit bei der Flandern-Rundfahrt. Für uns Flamen ist die sogenannte Ronde immer wieder ein Highlight. Der 250 Kilometer lange Kurs, noch dazu sehr kurvenreich, verlangt große Wettkampfhärte. Das Geschehen auf der Zickzackstrecke konnten die Fans an verschiedenen Passagen verfolgen, weil sie nur ihren Standort zu wechseln brauchten.

Auf der Straße in Richtung Ziel bemerkte ich einmal einen Fahrer, der wegen seines Bummeltempos längst aufgegeben haben mußte. Beim Vorbeifahren fragte ich deshalb, ob ich ihn nicht bis ins Ziel mitnehmen sollte. Er winkte höflich ab.

»Nein, wirklich nicht. Gut gemeint, ich fahr' bis Meerbeke. Mir fehlen noch Trainingskilometer.«

Ich ließ ihn also trainieren. Etwa eine Stunde vor dem Finale – ich war im Zielgelände – hörte ich eine plärrende Durchsage. Der Name eines Fahrers fiel. Ich sprang auf: Das war doch der, den ich zuvor überholt hatte!

Sicher, kein vorsätzlich eingefädeltes Täuschungsmanöver. Das Feld mußte ihn eingeholt haben, und er war dann ganz einfach im Pulk mitgefahren. Trotzdem hatte ich da meine Zweifel. Der Bruder dieses Mannes war nämlich ebenfalls Radprofi. Ich meinte, eine Verwechslung müsse vorliegen.

Am Ziel herrschte dann das übliche Gedränge, weshalb ich den verblüffenden Rennausgang – zumindest bis zur Dopingkontrolle – vergaß. Wer stand wohl auf der Liste fürs Wasserlassen an zweiter Position? Richtig, »mein« Trickser mit den 80 Kilometern weniger in den Beinen als seine Gegner. Nur: Wo kein Kläger ist, ist auch kein Richter.

Einige Wochen später trafen wir uns zufällig wieder. Als ich ihn etwas spöttisch auf seine tolle Leistung ansprach, tat er zuerst so, als ob er mich nicht verstünde. Nur als ich seinem Gedächtnis mit teils amüsierter, teils skeptischer Miene nachhalf, beendete er kurzerhand das Gespräch: »Halt's Maul!«

Diese Mauscheleien sind im Vergleich zu den Allianzen zwischen Medizinern und Fahrern plumpe Taschenspielertricks. Hier soll von Lüttich – Bastogne – Lüttich Ende der siebziger Jahre die Rede sein. Wer bei diesem Klassiker unter den Klassikern und auf dessen anspruchsvollem Terrain siegen will, muß ein Allrounder in Bestform sein.

Ein gewisser Fahrer hatte sich mit »allen Optionen« präpariert. Und er hatte deswegen nicht das geringste zu befürchten. Der Leiter der Dopingkontrolle war nämlich sein Leibarzt! Er betreute auch noch andere Fahrer und war, wohlgemerkt, Mitglied der Anti-Doping-Kommission seines Verbandes. Kurzum, ein zweiter Rijckaert, denn Eric war auch für die flämischen Instanzen tätig. Behördlicherseits wurden Sportmediziner für Dopingkontrollen nicht nur bei Radrennen, sondern auch in den Bereichen Fußball oder Boxen eingesetzt. Leute vom Schlage eines Rijckaert waren fast überall präsent: in Italien, in Frankreich – mit großem Kundenstamm. Daran hat sich bis heute nichts geändert.

Doch die meisten Ärzte, die mit Pharmazeutika nachhalfen, arbeiteten am kalkulierbaren Limit. Nicht anders Rijckaert, der einmal die Lizenz für den Sohn eines belgischen Fahrers deshalb verweigerte, weil er bei einer Untersuchung eine Herzanomalie anfangs der Saison festgestellt hatte. Der Filius wechselte den Arzt, bekam die Lizenz und starb, neun Monate später, an Herzversagen.

In den achtziger Jahren pumpten und spritzten sich die Fahrer mit starken Präparaten voll. Im Peloton machten Tips und Tricks die Runde. Ich erinnere mich noch gut an einen Spezialisten für Klassiker, der zur Verstärkung unserer Equipe verpflichtet worden war. Er hatte bereits bedeutende Siege eingefahren und war mit allen Wassern gewaschen. Genauer: Die Rote Liste der pharmazeutischen Industrie konnte er nicht nur runterbeten, sondern er war auch ein Champion im Dosieren, Mixen und Regenerieren. Er mochte mich und sprach offen mit mir über seine Mittelchen und wie er sich »präparierte«.

Einmal kündigte er nach dem Ende einer Tour de France an, bei welchem der kommenden Rennen er siegen werde. Wohlgemerkt, einige Wochen im voraus. Und seine pharmazeutische Vorbereitung – zehn Tage vorher – sah so aus: Er spritzte sich jeden zweiten Tag Synacthen Retard, insgesamt zwei Milliliter; eine halbe Stunde vor dem Start injizierte er Synacthen ins Unterhautgewebe. (Anm.: Das Präparat stimuliert die Nebenniere und wird ansonsten bei rheumatischen oder asthmatischen Erkrankungen verschrieben.) Noch heute läßt sich Synacthen, der Renner bei den Klassikern, nicht nachweisen. Der Vollständigkeit halber sei noch angemerkt, daß damals in der Tat der rollende »Monsieur Synacthen« siegte.

Allerdings gab es mitunter auch pharmazeutische Aussetzer wie beispielsweise auf einer Etappe der Lombardei-Rundfahrt in den frühen achtziger Jahren. Vor dem Start hatte sich ein Fahrer ordentlich Synacthen intramuskulär ins Gesäß injiziert. Der Stoff sollte progressiv wirken. Bei der ersten Verpflegungskontrolle lag er jedoch mehr als zwei Minuten hinter der Spitzengruppe zurück. Eigentlich hatte man ihn schon nicht mehr auf der Rechnung. Doch bei der zweiten Verpflegungskontrolle hatte er bereits überraschend zur Spitzengruppe aufgeschlossen und entschied dann sogar noch die Etappe für sich. Im ersten Rennabschnitt hatten die herrschende Kälte und die Überdosis genau das Gegenteil des erhofften Effektes gezeitigt. Der Fahrer ließ sich dadurch nicht entmutigen und mobilisierte alle seine Energiereserven, bis dann die medikamentöse Steigerungswirkung einsetzte. Vielleicht hätte er auch ohne den Stoff dank seiner herausragenden Kraftausdauer gewonnen.

Eine andere Fahrergeschichte hat mit dem Großen Preis der Nationen zu tun, einem 90-Kilometer-Zeitfahren in der Region von Cannes. Der Holländer Bert Oosterbosch, ein ausgezeichneter Tempobolzer und Prolog-Spezialist, hatte die Fachwelt 1982 mit einer »renntaktisch geschickten Kräfteeinteilung«, so die Presse hinterher, verblüfft. Bei der ersten Zwischenzeitnahme rangierte der Rotblonde auf dem 18. Platz, mit anderthalb Minuten Rückstand auf den Führenden. Nach der Hälfte der Distanz lag er an elfter Position; bei Kilometer 75 hatte er sich auf den vierten Platz – rund drei Minuten hinter dem Spitzenreiter – vorgearbeitet. Bei Zielankunft war Oosterbosch dann Dritter, knapp zweieinhalb Minuten hinter Bernard Hinault.

Auch bei ihm hieß das erfolgversprechende »Rezept« Synacthen, das er unmittelbar vor dem Start injizierte. Trotz seines unrunden Tritts auf den ersten Kilometern geriet er nicht in Panik. Er wartete, bis sein Motor auf Touren kam, was aber immerhin rund eine Stunde dauerte. Das war einen Tick zu spät und kostete ihn den mutmaßlichen Sieg.

Zu den beliebten Muntermachern mit pharmazeutischem Kick zählten auch die sogenannten *Pâtes de fruits aux yeux*: Fruchtriegel mit zwei 5-mg-Tabletten Pervitin oder Captagon, die den Fahrern bei der Verpflegungskontrolle in Beuteln hingehalten wurden. Das Peloton schätzte sie. Die beiden Tabletten – kaschiert, versteht sich – hatten die Form eines Augenpaares. Wer sich zum Beispiel mit einer Nase aufputschen wollte, bekam den Nachschlag als Wegzehrung gleich vorab. Bei den hausgemachten Kreationen hatten wir riesigen Spaß. Es gab Fahrer, die bis zu 100 mg pro Rennen konsumierten, weshalb wir deren Stimulanzien als Leichen im Riegel »beerdigten«.

Morgens, im Hotel, nahm ich auf meiner Runde die Bedarfsmeldungen entgegen. Griffige Vokabeln wie Augen, Nase, Mund verstand eben jeder. Seit jeher war Doping, ganz gleich in welcher »Form«, mit dem Hochleistungsradsport eng verbunden.

Einen Fall habe ich allerdings erlebt, bei dem trotz unserer Notfall-Reserve jegliche Rettung zu spät kam. Es war auf der Weltmeisterschaft in Goodwood. Damals, 1982, gehörte ich zum Betreuerstab der belgischen Nationalmannschaft. Am Vorabend kam Freddy Maertens, amtierender Weltmeister, gegen 23.30 Uhr per Taxi an. Wir hatten nicht gewußt, wo er steckte, und waren schon sehr beunruhigt. Freddy, der bis zum Eichstrich voll war mit Alkohol, bestand vergeblich auf pharmazeutische Abhilfe. Am nächsten Tag führte er sein Regenbogen-Trikot spazieren – ganze drei Runden.

Das Verhältnis zwischen Fahrer und Pfleger war nicht immer nur eine rein pharmazeutische Allianz, wie ein Beispiel von der Lombardei-Rundfahrt in den achtziger Jahren veranschaulicht.

Am Vorabend dieses italienischen Klassikers waren wir zur generellen Präsentation der Mannschaft mit zwei Fahrzeugen angereist.

Da unser Sportlicher Leiter noch an einer technischen Besprechung teilnehmen mußte, beschlossen wir, schon vorab mit einem Auto ins Hotel zu fahren. Ich wurde in den Kofferraum zu den Reisetaschen verfrachtet. Sean Kelly, schon immer ein Spaßvogel, setzte sich ans Steuer. Zur allgemeinen Belustigung fuhr er, ähnlich wie bei einem Zielspurt, Schlangenlinien, die von gelegentlichen Vollbremsungen gewürzt wurden. Natürlich wurde ich kräftig durchgerüttelt. Je mehr ich aufschrie, desto wilder fuhr er. Bei einem Schlenker schlug ich mit dem Kopf hart gegen die Klappe. Im Hotel blies ich ihm dann gehörig den Marsch.

»Du Miststück! Nur weil du Champion bist, kannst du dir noch lange nicht alles erlauben.«

Wir brüllten uns an. Abends bei der Massage herrschte dann absolute Funkstille. Danach knallte ich ihm seine Corticoide-Ampulle auf den Nachttisch.

»Hier ist dein Scheiß! Gute Nacht.«

Kelly mußte sich selbst versorgen, was ihn offenbar nicht allzusehr störte. Anderntags setzten wir unvermindert den Psycho-Krieg fort.

Einige Stunden später konnte er bei Überqueren der Ziellinie die Arme triumphierend in die Höhe recken. Er sah mich in der Auslaufzone der Begleitfahrzeuge. Wir klopften uns spontan auf die Schultern: Waffenstillstand. Wir hatten unseren Seelenfrieden wiedergefunden.

Die Vielfalt der Produkte ist so groß, daß man für jede Anforderung welche findet. Beispielsweise in Ausdauersportarten oder im Radsport. Gewisse Muntermacher werden zwar nicht ausdrücklich von Sportgesetzen verboten, aber dem Organismus schaden sie allemal. Das traf auch für intramuskulär injiziertes Coffein, Favorit bei Bergzeitfahren, zu, aber es war kein Zufall, daß Trinitrin der Topfavorit war: hohe Coffeinkonzentration, mithin sofortige Wirkung auf das Herz. (Anm.: Trinitrin = gefäßerweiterndes Medikament.) Die Sprinter kannten diesen Schnellmacher sehr gut. Fünf oder sechs Kilometer vor dem Schlußspurt kauten sie eine Tablette, die dann schlagartig wirkte. Auch bei Prologen, die kurze, aber extreme Kraftanstrengungen verlangen, griff man zu diesem Mittel. Meines Wissens wurde Trinitrin bis Anfang der neunziger Jahre benutzt. Trotz seiner guten Verträglichkeit war es bei regelmäßiger Einnahme nicht ungefährlich. Und ich kann versichern, daß 60 Prozent des Pelotons gedopt waren. Das Doping hatte verschiedene Zielvorgaben. Es gab Fahrer, die – verletzungsbedingt – wieder Anschluß suchten, andere peilten damit langfristige Erfolge an, wiederum andere griffen danach, um bei Eintagesrennen auf Sieg zu fahren. Und bestimmte Fahrertypen waren eben zäher als andere. Sie konnten drei große Rundfahrten im Jahr herunterspulen, ohne mit der Wimper zu zucken. Für ihre kurzen Regenerationsphasen galten offensichtlich andere Naturgesetze.

Zäpfchen mit von uns injiziertem Coffein – mitunter auch mit Amphetaminen veredelt – wurden munter benutzt. Wir ließen in der Apotheke sogar Zäpfchen mit einer Dosierung von 200 mg oder 300 mg präparieren. Gewisse Fahrer verlangten gar 500 mg, was nun wirklich über jeden noch zu vertretenden Grenzwert hinausging. Die Apotheker wußten zwar Bescheid, drückten aber ein Auge zu. Die Zäpfchen wurden in Alufolie gewickelt und fachgerecht in einer Thermosflasche kühl aufbewahrt. Sobald eine Verpflegungsaufnahme bevorstand, klebte ich dann die Zäpfchen mit einem Heftpflaster an die Trinkflaschen (Branchenjargon: *Bidon-parachute*) und verstaute sie in den Beuteln. Rund 80 km vor Zielankunft wurde dieser sogenannte Trinkflaschen-Fallschirm für das Finish geöffnet.

Zu Beginn der Saison orderte ich bei einer Apotheke in Belgien 2 000 transparente Röhrchen aus Kunststoff, die ich speziell präparierte: 1 Tablette Anemin (braun), die Coffein mit einer Dosis von höchstens 400 mg enthielt, 1 Tablette Hexacin (gelb) oder Coltramyl (weiß) gegen Krämpfe sowie 1 Tablette Thiocticid (grün), um die Produktion von Toxinen zu reduzieren. Darüber etwas Watte, dann 1 Tablette Persentin (rot) für die »zweite Luft«, 1 Tablette Berevin B1 (weiß), das die Effekte von Toxinen auf die Muskeln reduziert, und 1 Tablette Vitamin E (gelb, transluzid), das ermüdungshemmend wirkt. Die Fahrer erhielten diese Röhrchen nicht systematisch. Ich hatte mich für die Saison lediglich vorsorglich eingedeckt und verabreichte sie je nach Rennverlauf, Tagesform oder Plazierung. Außerdem: Ich brauchte sie in Unmengen, weil die Fahrer die leeren Röhrchen auf den Landstraßen entsorgten.

Das Publikum entdeckte an der Festina-Dopingaffäre, daß das von Bruno Roussel eingeführte System verhindern sollte, daß sich Fahrer wahllos auf eigene Faust versorgen, sozusagen im Alleingang. Doch vor zehn Jahren war ein Doping-Solo genauso häufig und gefährlich wie heute. Die Profis waren ihrer Neugier ausgeliefert – und der Geldgier von Scharlatanen.

VIII. Kapitel

Die belgische Hausmarke

Er besuchte mich jeden Nachmittag, nicht nur am Wochenende. So auch am Dienstag, dem 21. Juli 1998. Und wie immer wurden wir in dem gut gesicherten Anwaltsbesprechungsraum im Erdgeschoß eingeschlossen. Ludovic Baron, mein Verteidiger, war ein netter Kerl. Wir duzten uns, ich habe damit keine Probleme, ganz im Gegenteil: In meiner belgischen Heimat duzt man so ziemlich jeden, nur nicht den Pfarrer, den Arzt und den Bankier. Und das entspricht auch meinem Naturell.

Ludovic eröffnete mir sofort, daß meine Gegenüberstellung mit Bruno Roussel und Eric Rijckaert am 24. Juli um 9.30 Uhr stattfinden werde. Ich sehnte diesen Augenblick herbei. Ich wußte, daß beide eindeutige Sachverhalte bestritten hatten, was natürlich im Widerspruch zu meiner Aussage stand. Mir konnte es mit der Richtigstellung der Wahrheit vor einem Richter gar nicht schnell genug gehen: Natürlich war auch gegen die beiden ermittelt worden, und man verdächtigte sie stärker als mich. Doch ich hatte Angst, daß den Worten eines Arbeitgeber und eines vereidigten Arztes mehr Gewicht beigemessen werden könnte als denen eines Willy Voet, der nur ein kleiner Erfüllungsgehilfe war.

Ein Mann von Charakter in unserem Mileu war der Graf, um den einige noch heute trauern: Jean de Gribaldy. Die beiden Jahre an seiner Seite, 1982–1983, haben mich ungemein geprägt.

De Gribaldy wahrte zu den Fahrern stets einen gewissen Abstand. Mehr noch: Er siezte sie, war kühl, aber dennoch herzlich. Das war sein Stil. Auf dem Gebiet der Diätetik war er ein Wegbereiter, und Extratouren duldete er schon gar nicht. Die Fahrer gingen damals nicht annähernd so gut vorbereitet in eine Saison wie heute.

Sie schleppten schon mal drei bis fünf Kilogramm Winterspeck zuviel mit sich herum. Bei Saisonbeginn dopten sie sich mit Amphetaminen; sie wollten abnehmen, aber gleichzeitig auch schnell sein.

Um abzuspecken, so die gräfliche Ermahnung, sollten die Fahrer weniger futtern! Leicht gesagt, denn Fahrer verbrennen schon beim Trainieren derart viele Kalorien, daß sie immer Heißhunger haben. Doch der gute Mann überwachte seine Schäflein. Er war unnachsichtig. Ich erinnere mich noch an den ersten Lehrgang unseres Rennstalles Sem France-Loire in Mandelieu im Februar 1983. Brot, Butter, Wein – alles stand auf der Verbotsliste. Die Fahrer aßen Zwieback. Sie waren so heißhungrig, daß sie unaufgefordert ab 19.30 Uhr zum Essen anstanden, was für französische Verhältnisse in der Tat etwas früh ist. Der Graf ging sogar so weit, daß er ihnen Bromate untermischte, um sie im Zaum zu halten, aber er verfeinerte auch Salate oder Nudeln mit Bierhefe. Übrigens eine ideale, ernährungsgerechte Ergänzung. Ich habe diese Gewohnheit beibehalten. Wohlgemerkt, Hefe satt, doch keine Bromate.

Seine Mannschaft machte – genau wie er – eine gute Figur: Sean Kelly, Steven Rooks, Jean-Marie Grezet, René Bittinger ... Die beiden letzten Fahrer und, später, Gilles Delion im Helvétia-Team, wurden von Pierre Ducrot betreut, einem Masseur mit speziellen Osteopathiekenntnissen, den ich 1979 bei Flandria kennenlernte.

Ducrot, der schon immer für den Grafen gearbeitet hatte, schloß sich von daher ebenfalls dem Team Sem France-Loire an. Wir hatten stark divergierende Auffassungen, und es gab oft Zoff. Ducrot stand wie ein Prediger in der Wüste: Er wollte Medikamente und erst recht Doping aus dem Milieu verbannen und favorisierte Diätetik und Homöopathie. Und Jean de Gribaldy vertraute ihm bedingungslos. Der Graf präparierte persönlich die Trinkflaschen, obwohl dafür an sich die Pfleger zuständig waren. Schon etwas seltsam, Schwamm drüber ... Er schloß sich in seinem Zimmer ein und ließ niemanden herein.

Beim Team Sem France-Loire machte ich mir als Masseur einen Namen, genauer: dank Sean Kelly. Seine Stärke waren die Klassiker, und zehn Siege sagen mehr als viele Worte: zweimal Paris – Roubaix, zweimal Mailand – San Remo, zweimal Lüttich – Bastogne – Lüttich, drei Lombardei-Rundfahrten und einmal Blois – Chaville. Hinzu kamen zahllose weitere Spitzenplazierungen. Sean Kelly hatte Wettkampfhärte, was sich nicht zuletzt in dieser beeindruckenden Leistungsbilanz niederschlug. Er war aus einem ganz besonderen Holz geschnitzt. Denn der beste Medikationsplan reicht nicht, um Champion zu werden, wenn der Fahrer keine außergewöhnlichen Qualitäten besitzt.

Wir bekundeten füreinander Sympathien. Es war Ende der siebziger Jahre. Damals wohnte er in Vilvoorde, sieben Kilometer von mir entfernt, was die Kontakte begünstigte. Selbst wenn er für eine andere Mannschaft fuhr, kam er oft zu mir, um sich massieren zu lassen. Er bezahlte mir den Tagessatz. So lernte ich auch seine Veranlagungen – mental und physisch – besser kennen. Man darf nicht vergessen, daß sich jeder Fahrer ganz spezifisch vorbereitet und bestimmte Methoden nicht für jedermann gleich passend sind.

Der Pharma-Kalender von Willy Voet (Auszüge)

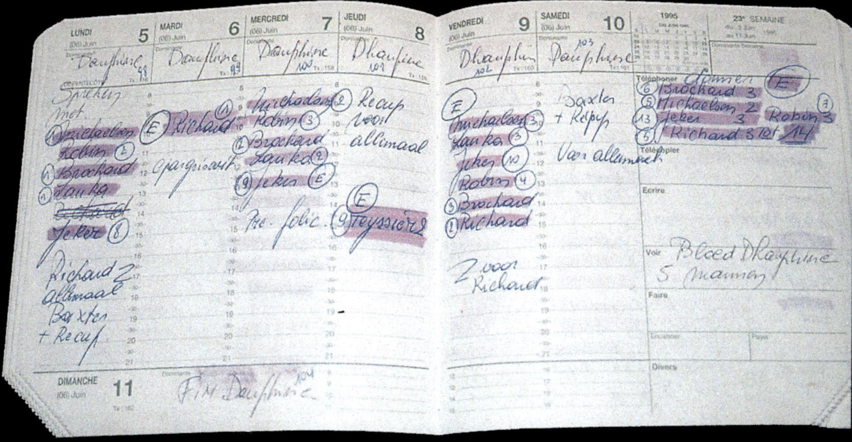

Dauphiné 1995. Die kleine Schleife zum pharmazeutischen Einrollen …

Tour de France 1995. Unter der rechten Rubrik »téléphoner« (telefonisch erledigen) erscheint die EPO-Gesamtmenge seit Jahresbeginn.

Wachstumshormone

EPO (blutbildendes, synthetisches Hormon)

Die Zahlen in den Kreisen verzeichnen den bisherigen Konsum. Am Ende der Saison wurde der Pro-Kopf-Verbrauch ermittelt.

Richard = Richard Virenque.

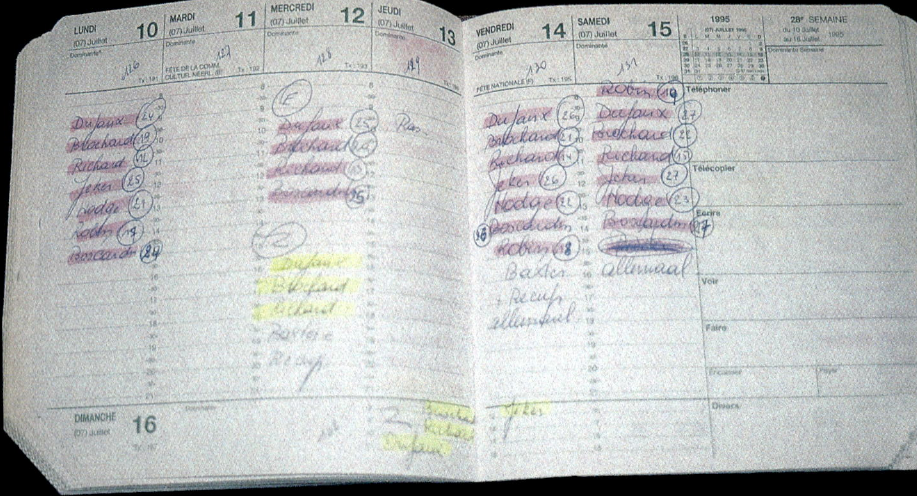

Tour de France 1995.

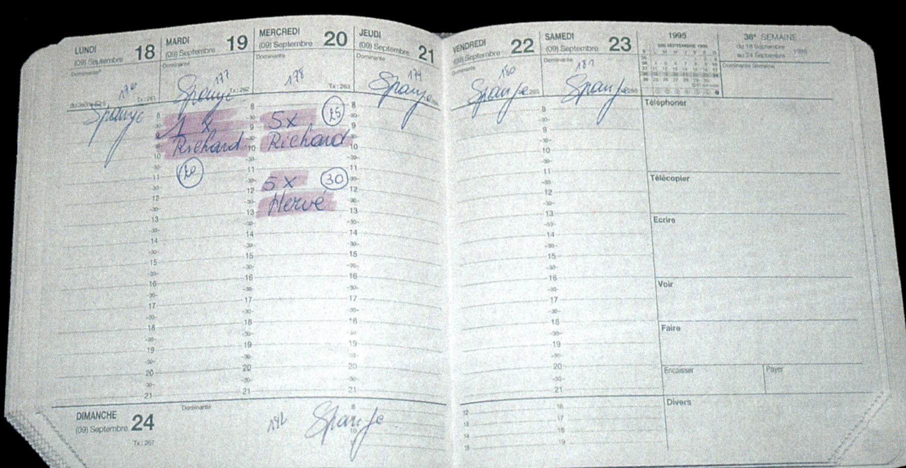

Spanien-Rundfahrt 1995. Arbeitsteilung mit Standortvorteil: Die spanische Betreuung dürfte beim Heimrennen wohl ausgeholfen haben, was den niedrigen Verbrauch erklären könnte.

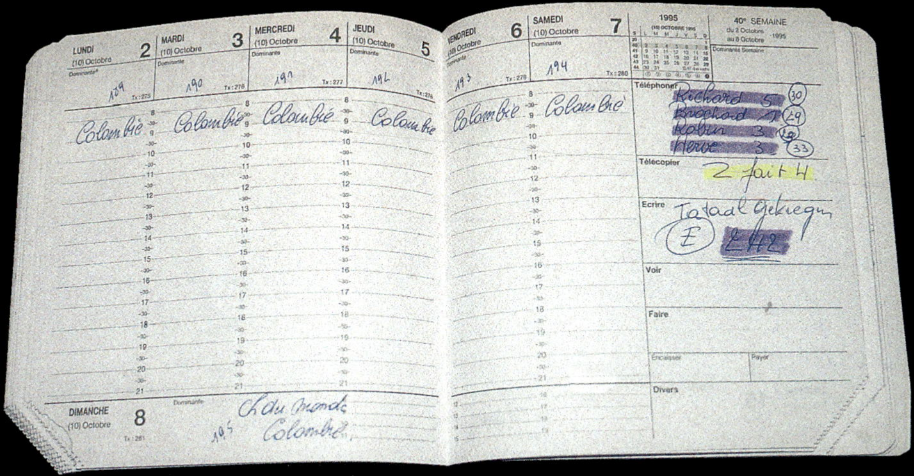

WM 1995 in Kolumbien: Ist-Verbrauch in der Vorbereitungsphase (rechts). Aufgrund der Höhenlage konnte das blutbildende Hormon EPO in Europa – genauer – im Gemüsefach in Veynes (Hautes-Alpes) bleiben. »Z fait 4«: Vollzugsmeldung, wonach Richard (Virenque), Brochard, Robin und Hervé Wachstumshormone erhielten.

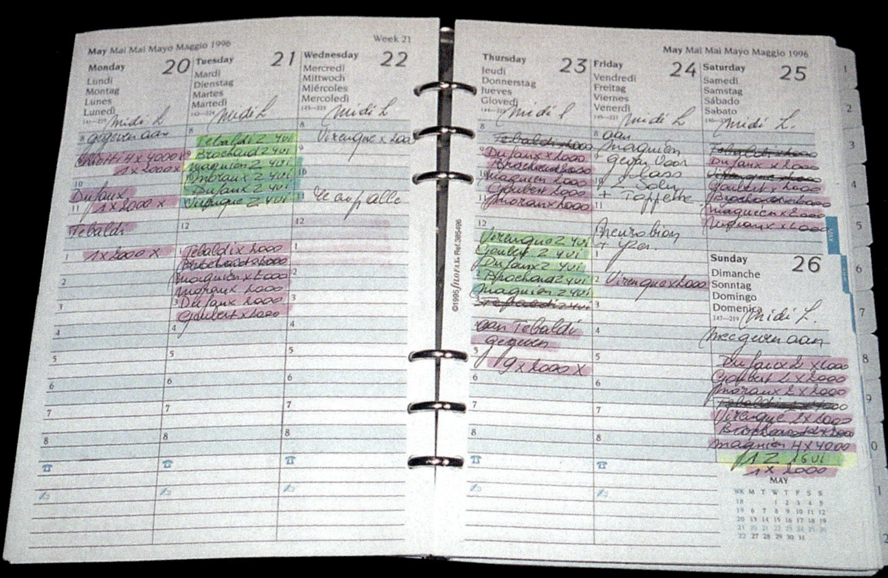

Midi-Libre 1996. *2000* = 2000 Einheiten. *4000* = 4000 Einheiten.

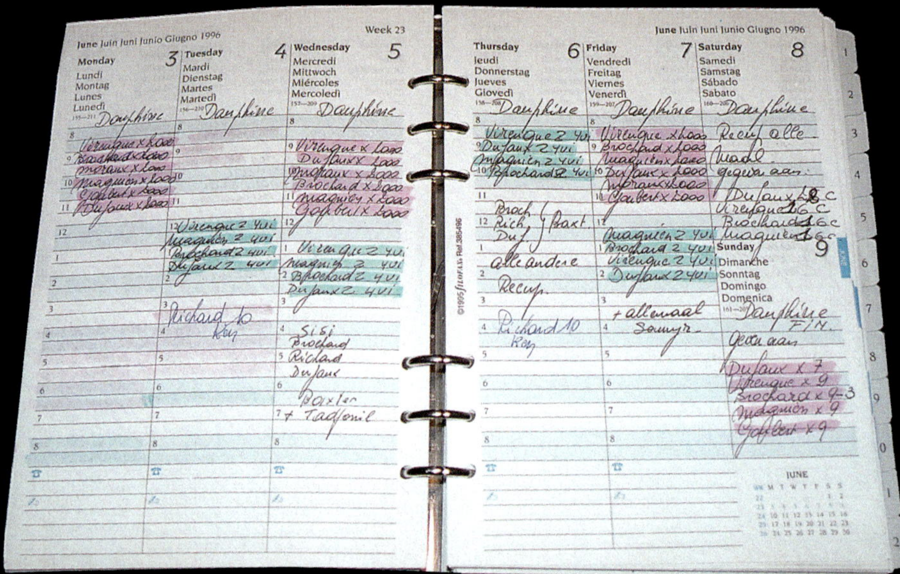

Dauphiné 1996.

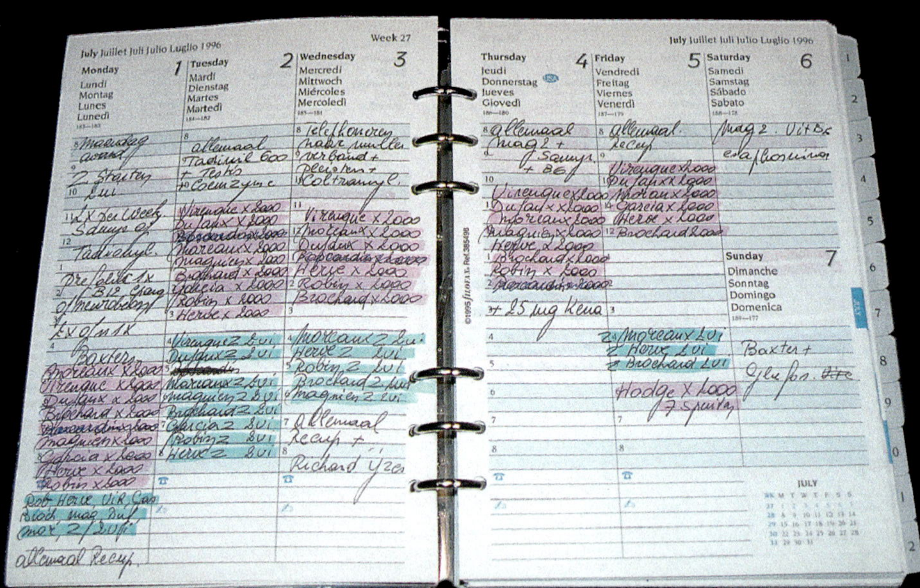

Tour de France 1996.

Tour de France 1996.

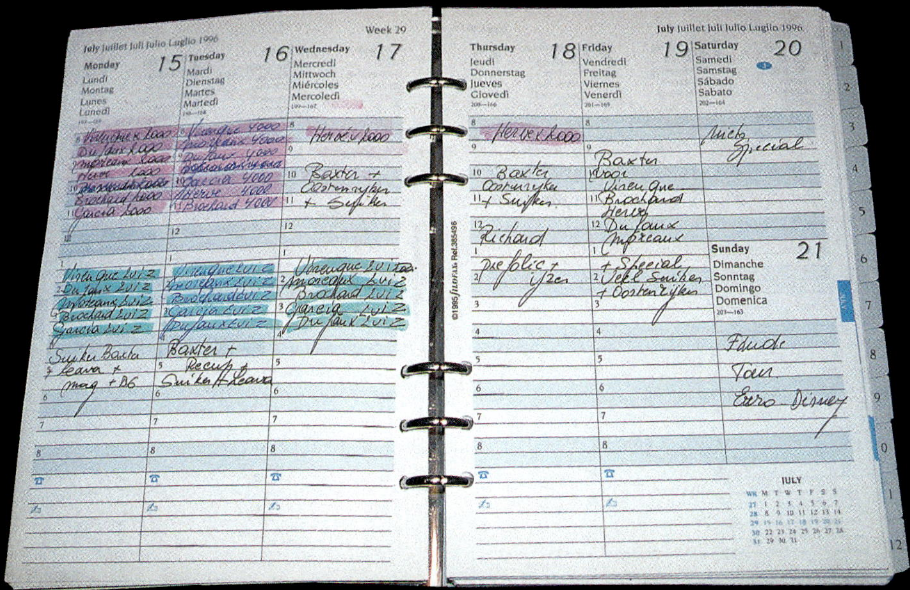

Tour de France 1996.

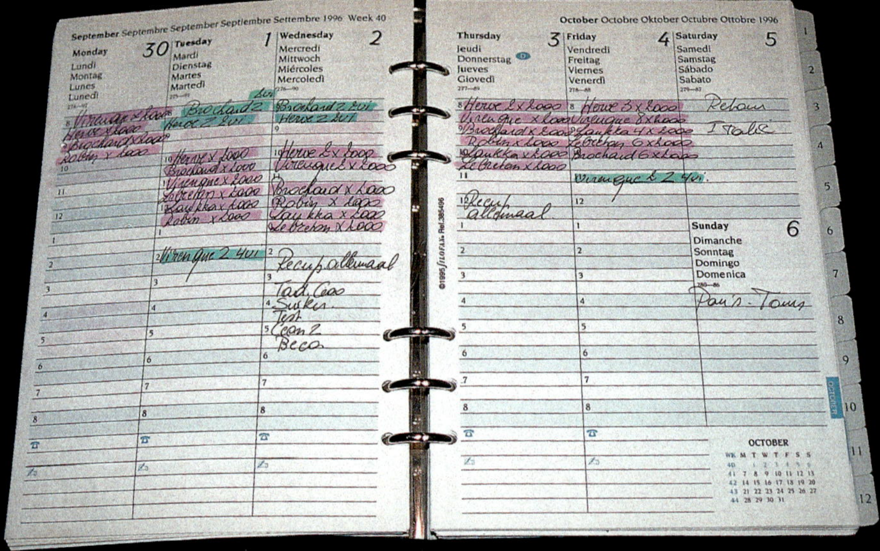

Tour des Pouilles sowie Vorbereitungsphase Paris–Tours 1996.

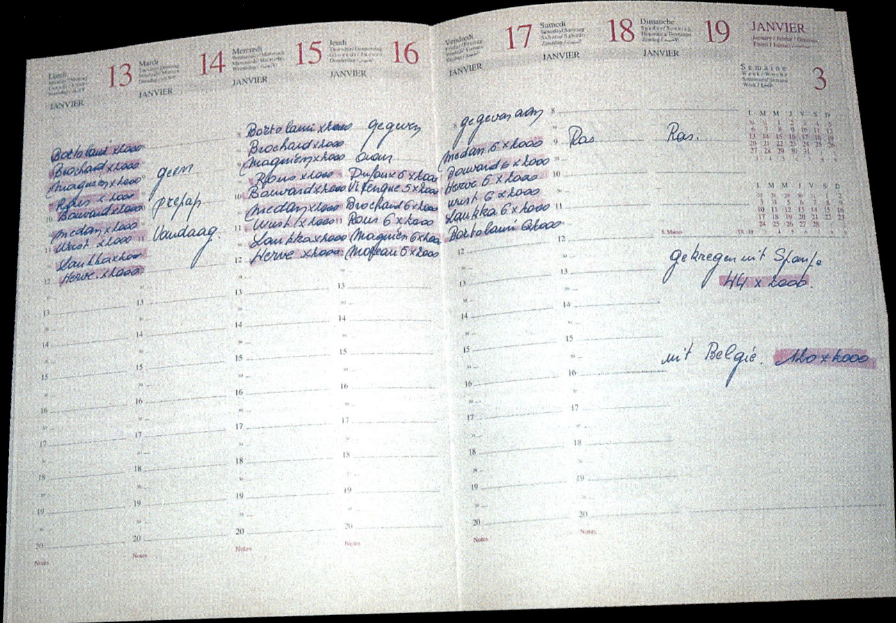

Saisonvorbereitung 1997: Dosen und ihre Herkunft (Spanien und Belgien).

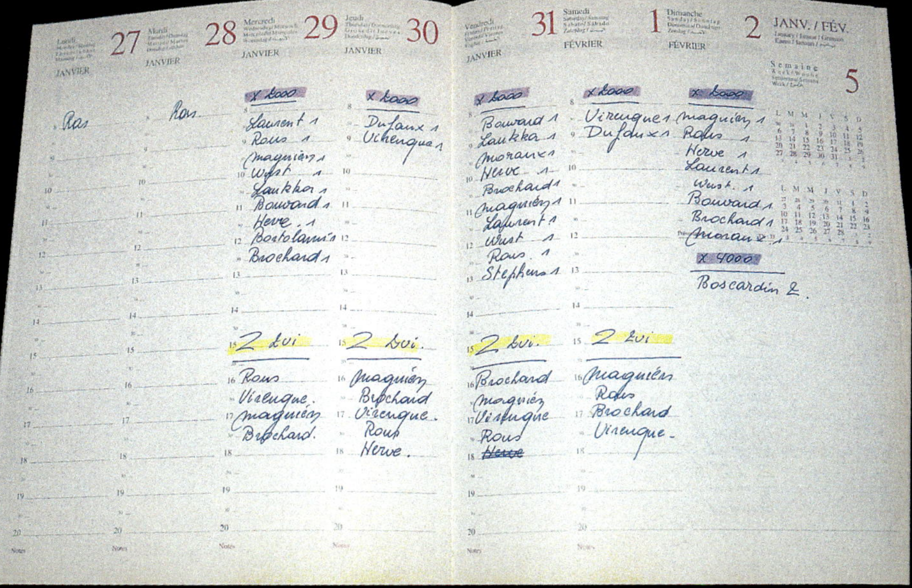

Saisonvorbereitung 1997: Vitamine im Winter.

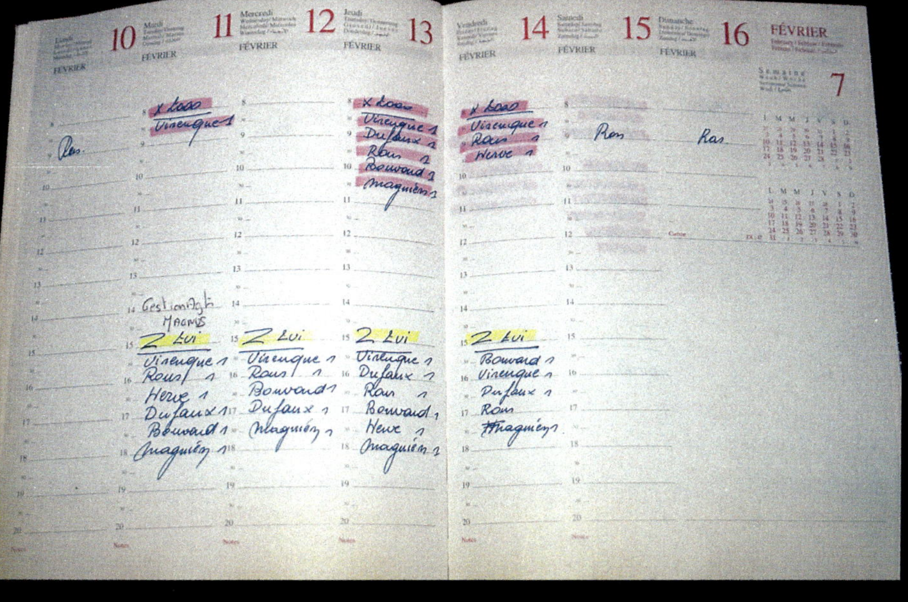

Mittelmeer-Rundfahrt 1997.

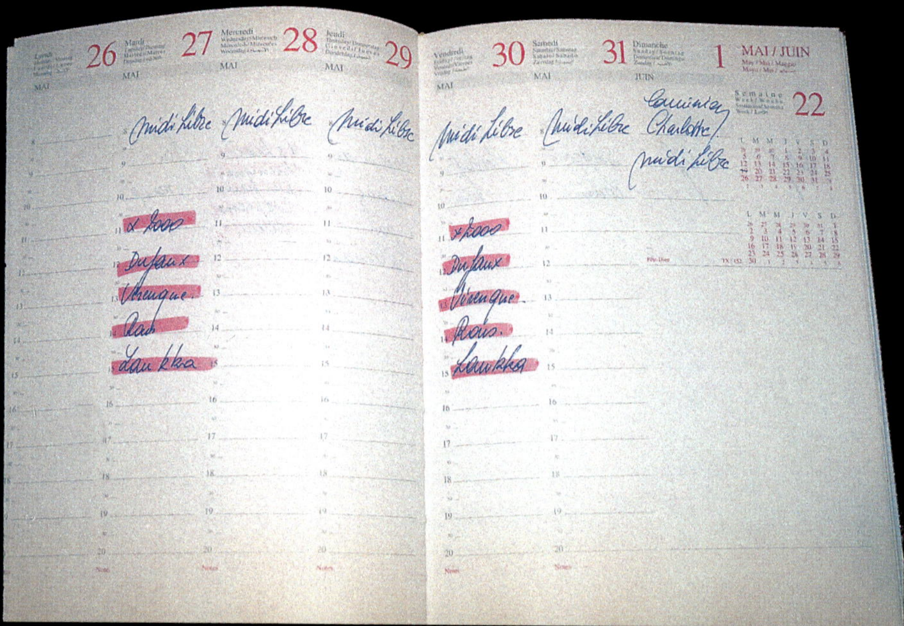

Midi-Libre 1997.

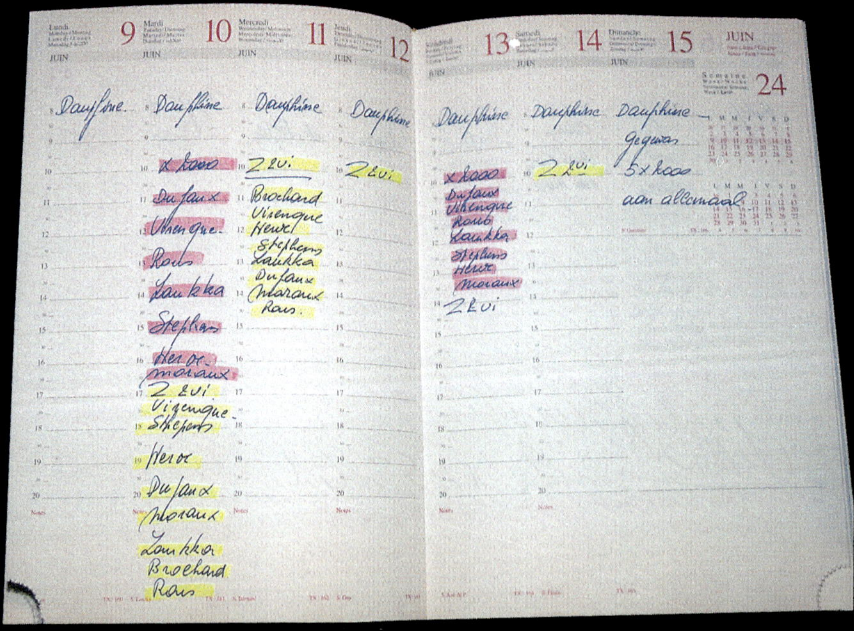

Dauphiné 1997.

Der Pharma-Kalender von Willy Voet (Auszüge)

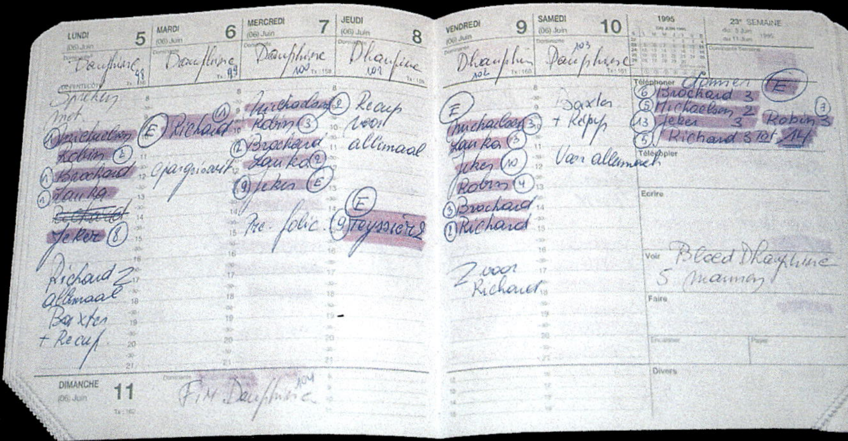

Dauphiné 1995. Die kleine Schleife zum pharmazeutischen Einrollen …

Tour de France 1995. Unter der rechten Rubrik »téléphoner« (telefonisch erledigen) erscheint die EPO-Gesamtmenge seit Jahresbeginn.

Wachstumshormone

EPO (blutbildendes, synthetisches Hormon)

Die Zahlen in den Kreisen verzeichnen den bisherigen Konsum. Am Ende der Saison wurde der Pro-Kopf-Verbrauch ermittelt.

Richard = Richard Virenque.

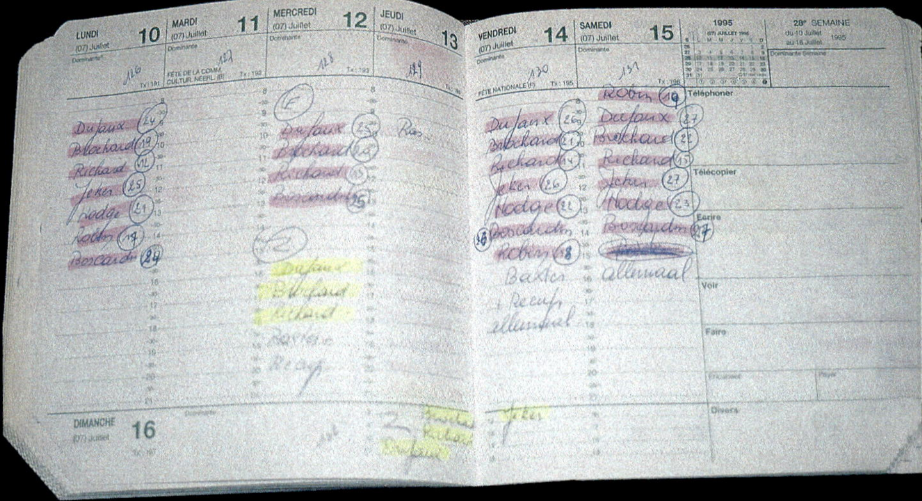

Tour de France 1995.

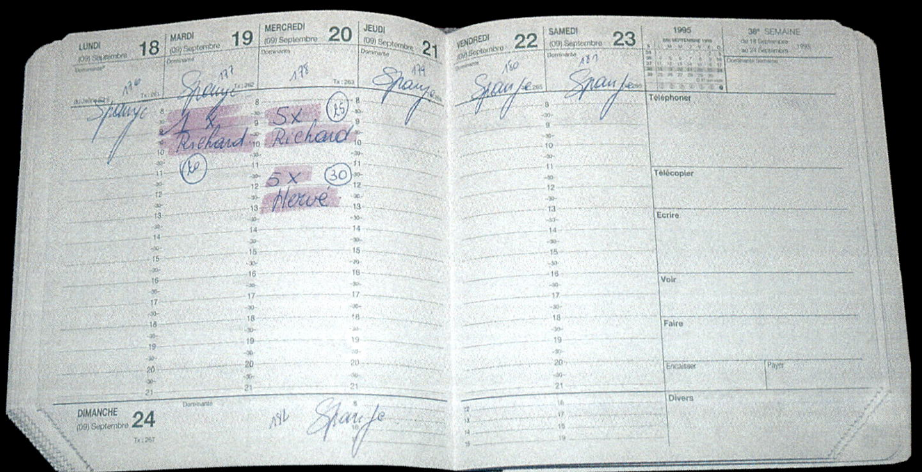

Spanien-Rundfahrt 1995. Arbeitsteilung mit Standortvorteil: Die spanische Betreuung dürfte beim Heimrennen wohl ausgeholfen haben, was den niedrigen Verbrauch erklären könnte.

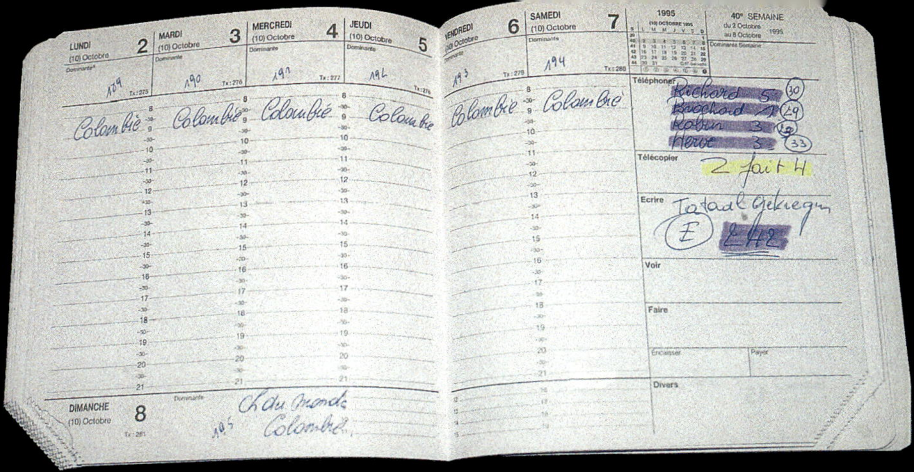

WM 1995 in Kolumbien: Ist-Verbrauch in der Vorbereitungsphase (rechts). Aufgrund der Höhenlage konnte das blutbildende Hormon EPO in Europa – genauer – im Gemüsefach in Veynes (Hautes-Alpes) bleiben. »Z fait 4«: Vollzugsmeldung, wonach Richard (Virenque), Brochard, Robin und Hervé Wachstumshormone erhielten.

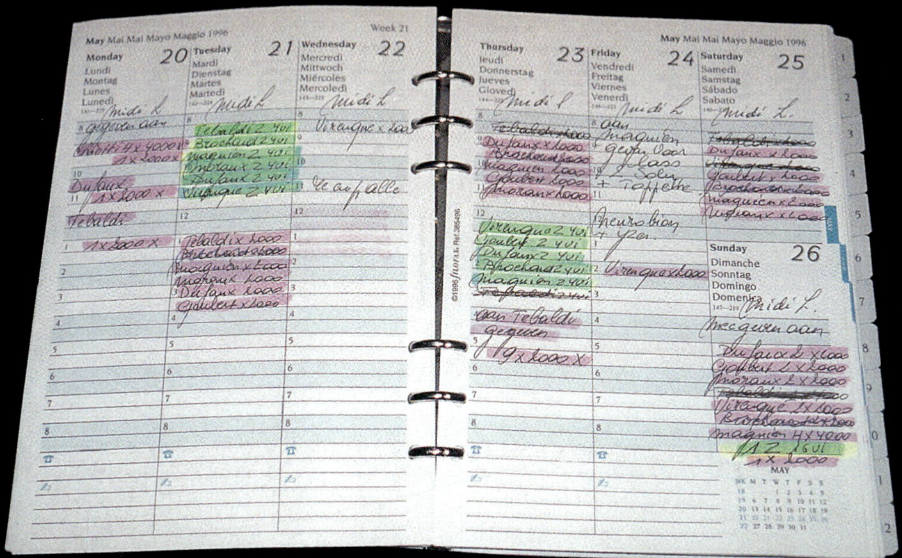

Midi-Libre 1996. *2000* = 2000 Einheiten. *4000* = 4000 Einheiten.

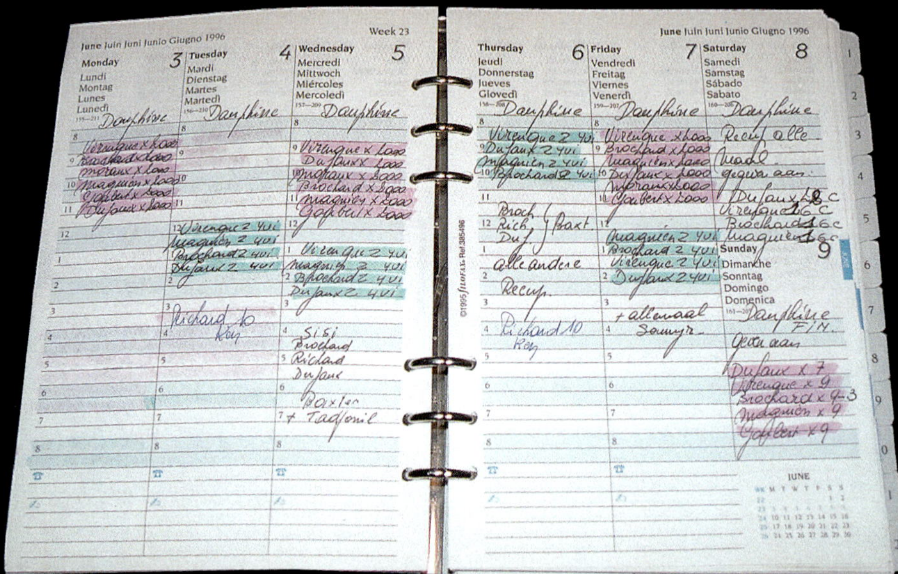

Dauphiné 1996.

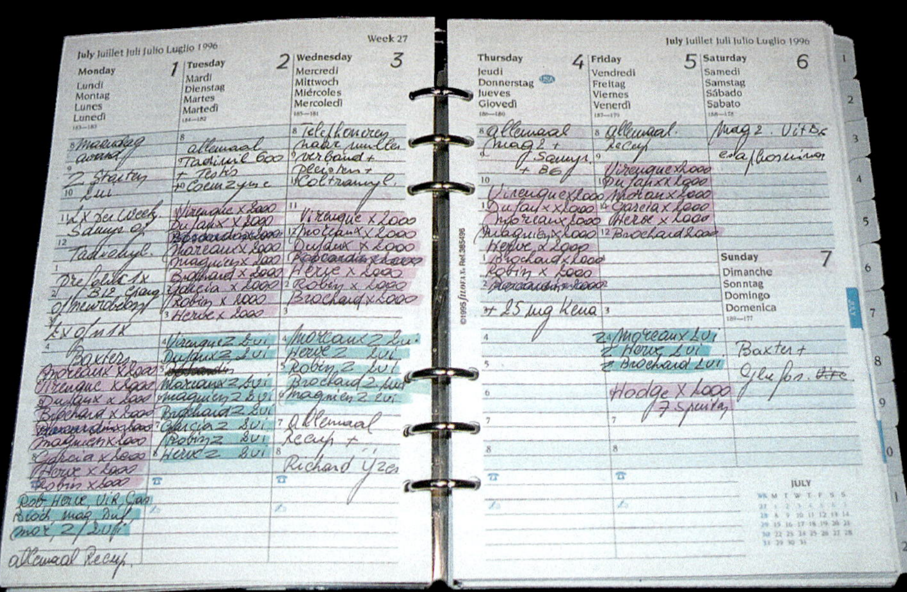

Tour de France 1996.

Tour de France 1996.

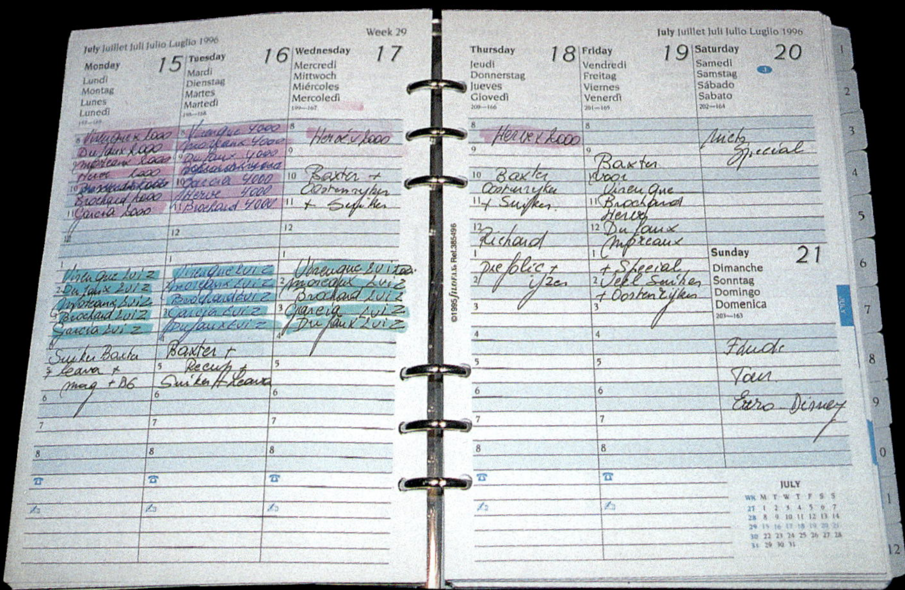

Tour de France 1996.

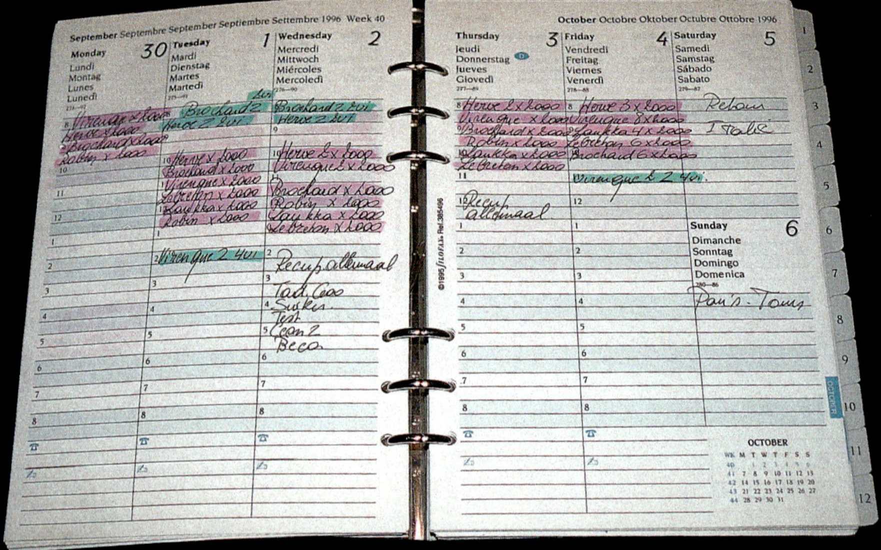

Tour des Pouilles sowie Vorbereitungsphase Paris–Tours 1996.

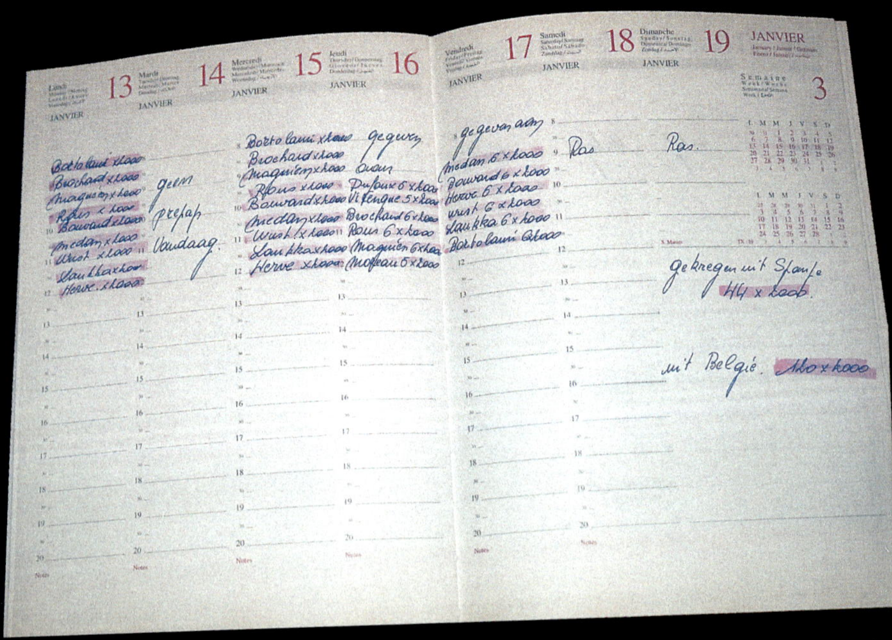

Saisonvorbereitung 1997: Dosen und ihre Herkunft (Spanien und Belgien).

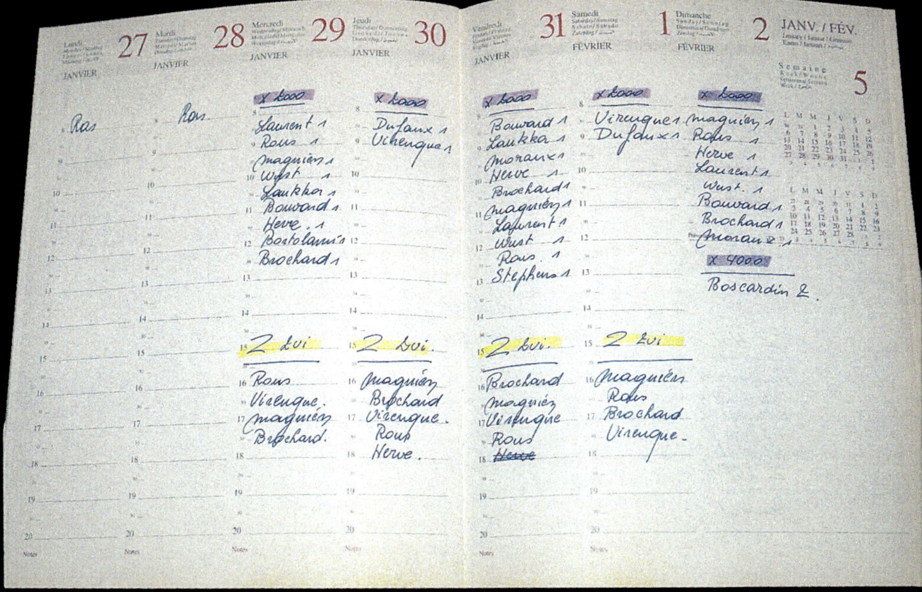

Saisonvorbereitung 1997: Vitamine im Winter.

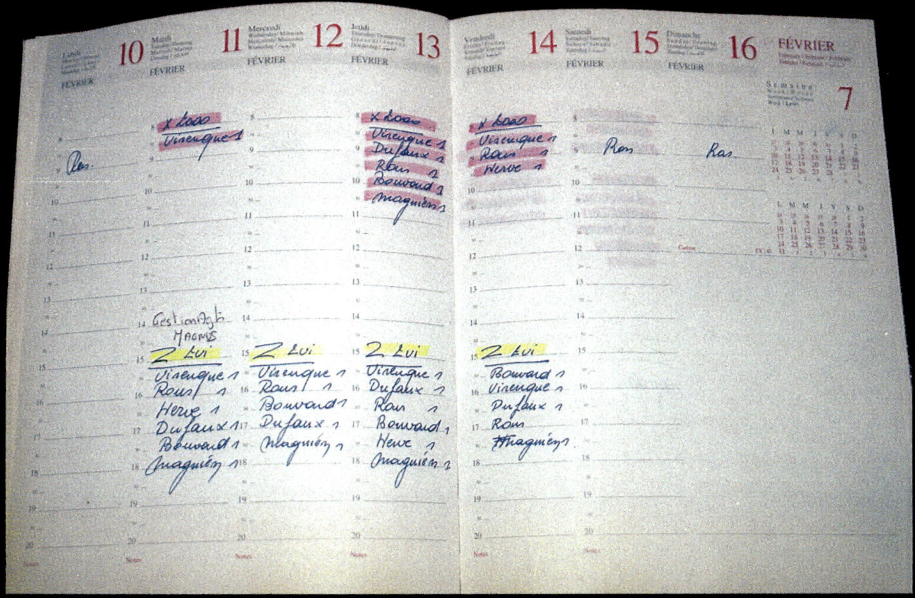

Mittelmeer-Rundfahrt 1997.

Midi-Libre 1997.

Dauphiné 1997.

Eine Begebenheit aus jüngster Vergangenheit soll das belegen. Im Frühjahr 1998 gewann Laurent Dufaux überlegen die Tour de Romandie. Genauer: Er überflog sie förmlich – dank Cortison, was seinem Landsmann und Teamkollegen Alex Zülle natürlich nicht entging. Knapp eine Woche vor dem Start des Giro d'Italia, er ist Favorit und Festina-Kapitän, beansprucht er dieselbe Medikation.

»Du brauchst nur deine fahrerische Klasse. Für den Prolog reicht die allemal aus.« Alex war stark genug, zumal er sich mit Wachstumshormonen auf den Giro vorbereitet hatte, bevor er eine Corticoide-Kur machte. Diese Ausdauer-»Präparation« heißt – intern – *fond de jante*, wörtlich: Ausdauer-Felge. Bei einem Formel-1-Boliden müssen auch Reifen, Fahrwerk und die aerodynamischen Teile abgestimmt werden. Kurzum, alle Parameter müssen optimiert werden. Bei einem Radprofi ist das nicht anders. Nach jeder Etappe kann der Formzustand eines Fahrers exakt bestimmt werden: Herzfrequenzmesser, Blutwerte, Blutbild und Pulsmesser liefern klare Anhaltspunkte. Mögliche Einbrüche oder Husarenritte sind prognostizierbar.

Marcello Torrontegui, Zülles Betreuer, setzte sich darüber hinweg. Der Spanier sah für ihn einen Medikationsplan vor, den er bei einem anderen Fahrer bereits mit Erfolg angewendet hatte. Er injizierte Corticoide in ganz hohen Dosen, was bewirkte, daß das mühsam angestrebte Gleichgewicht zerstört wurde. Wo Hormone den Muskel versorgen, machen Corticoide diesen Effekt langsam, aber sicher zunichte! Das Ergebnis war niederschmetternd: In den ersten zehn Tagen dominierte Alex die Rundfahrt, danach brach er völlig ein.

Zu Saisonbeginn 1984 warf mich meine Ehescheidung aus der gewohnten Lebensbahn. Während der Spanien-Rundfahrt beschloß ich daher, Abstand zu gewinnen und meine Situation zu überdenken.

Erst Anfang Juni kehrte ich in mein berufliches Umfeld zurück. Ich arbeitete auf freier Honorarbasis für einen kleinen französischen Rennstall, denn eine feste Anstellung hatte ich nicht.

In der Mannschaft fuhr ein origineller Typ, charakterstark und sehr sympathisch, der das Traditionsrennen Bordeaux – Paris* liebte, das es seit 1988 nicht mehr gibt. Es war eben eine Ausdauerprüfung aus der guten, alten Zeit. Die Fahrer starteten um 23 Uhr in Bordeaux. Sie fuhren in kleinen Gruppen, dick vermummt, bis Poitiers (km 218), das sie im Morgengrauen erreichten. Dann wurden sie massiert, wechselten ihr Outfit und stärkten sich. Nach einer knappen Stunde wurde das Rennen hinter Derny-Maschinen bis in die Metropole fortgesetzt. Das eigentliche Rennen begann zwar erst jetzt, aber trotz des »fiktiven Starts« war der Parcours eine Schinderei ohne Ende – und doch faszinierend!

In jenem Jahr hatte mein Fahrer kurz nach Poitiers einen Durchhänger. Er ließ sich auf die Höhe unseres Begleitfahrzeugs zurückfallen.

»Mensch, ich brauch' jetzt meine Spritze!«

Das war riskant, denn im Troß konnte ein unangenehmer Zeuge mitfahren. Und zudem erforderte ein solches Kabinettstückchen aus einem fahrenden Wagen heraus allerhand Geschick: Herunterlassen der Trägerhose, Sterilisieren mit einem alkoholgetränkten Wattebausch, Setzen der Spritze, Massieren der Gesäßbacke (zum Einwirken des Stoffes) und Hochziehen der Hose.

»Ist mir scheißegal. Setz mir das Ding durch die Hose hindurch! Mach schnell!«

* Je nach Streckenführung betrug die Distanz zwischen 551 und 620 km! Gewöhnlich wurde ab Poitiers hinter Motorrädern (ohne Schrittmacherrolle!), später dann hinter Dernys mit Stundenmitteln von rund 45 km gefahren. Abonnementsieger mit sieben Erfolgen war der Belgier Hermann van Springel, Walter Godefroot gewann zweimal.

Ich gehorchte und jagte ihm die Spritze durch das Textil hindurch.

In Paris klopfte er mir anerkennend auf die Schulter und nuschelte dabei: »Altes Haus, Willy, was hat mir das gutgetan! Zum Glück hast du mich im Ziel abgefangen, sonst wäre ich glatt bis Lille durchgefahren!«

Bordeaux – Paris stellte eine Prüfung dar, die ohne pharmazeutische Anschubhilfe nicht zu bestehen war. Ich kannte einen dieser Marathon-Sieger, einen Belgier, der eher ein passives Mitglied in der Doping-Gilde darstellte. Doch für diese Strecke bestand er auf einer Spezialbehandlung. Eine Kenacort-Injektion für die ersten sechs Stunden in die Gesäßbacke, danach Hydrocortison-Tabletten bis Paris. Nach der Zielankunft war er sichtbar erleichtert, was aber mehr mit seiner überstandenen Dopingkontrolle zusammenhing.

Auch für uns Pfleger war Bordeaux – Paris eine Ausdauerprüfung ohnegleichen. An zwei Tagen mußte rund um die Uhr gearbeitet werden. Es galt Trinkflaschen vorzubereiten, Verpflegungskontrollen durchzuführen und die Pedaleure vom Begleitwagen während der Fahrt zu behandeln. Für diese »fliegenden« Einsätze dopten wir uns gewöhnlich mit Captagon.

Unter den mörderischen Rennen hat nur der Frühjahrsklassiker Paris – Roubaix*, die »Hölle des Nordens«, überlebt. Die meisten Sportlichen Leiter, die früher selbst einmal im Sattel gewesen waren, sind auch in ihren Begleitfahrzeugen keine Saubermänner. Natürlich gibt es wie bei jeder Regel Ausnahmen. Eine solche war etwa Bruno Roussel, der ohne medizinische Nachhilfe auskam. Lieber stand er bei Paris – Roubaix mit Ersatzreifen oder Trinkflaschen am Straßenrand.

* 273 km, davon 51,5 km über Kopfsteinpflaster.

Als die Captagon-Welle abflachte, griffen viele Begleiter zum *Pot belge*, dem Doping-Mix für die 25. Stunde. Der derzeit vielzitierte Muntermacher existiert aber schon seit rund 15 Jahren, anfangs wurde er *Pot de fou*, also »Verrückten-Mix«, getauft. Nach Einnahme hatte man anderntags in der Tat den Schädel eines Verrückten. Fast niemand kannte die genaue Rezeptur. Wir wußten nur, daß er Amphetamine enthielt, was zumindest belegt, wie leichtsinnig Fahrer und Begleiter sein können. Mancher injizierte das Teufelszeug sogar intravenös! Nur gut, daß die Sportlichen Leiter in der »Hölle des Nordens« nicht kontrolliert wurden ...

Später lernte ich einen Teamleiter, einen Franzosen, kennen, der seine Fahrer selbst spritzte. Er holte sich bei Ärzten oder Pflegern Ratschläge ein sowie Informationen über Wirkungsweisen, Intervalle und Dosen. Dann legte er los. Seinerzeit konnte sich dieser Sportdirektor keinen Mannschaftsarzt leisten. Der Rennstall war der reinste Selbstbedienungsladen.

Das Dope soll aber nicht nur zu Siegen verhelfen, sondern auch Einbrüche verhindern, damit ein Fahrer nicht »nach hinten durchgereicht« wird. Bei der Tour de France des Jahres 1983 trug Sean Kelly das Grüne Trikot des Sprintbesten. Einer seiner Helfer, schon ziemlich ausgelaugt, wollte unbedingt bis Paris durchhalten. Sean Kelly zuliebe und aus eigenem Antrieb. Also mußte mit Cortison und Amphetaminen nachgebessert werden. Die *Double face*, jenes im Rücken angeklebte Urinfläschchen, brauchte nicht einmal eingesetzt zu werden. Der auferstandene Helfer kam bis zu den Champs-Elysées ohne peinlichen Zwischenfall durch, und Kelly feierte in Grün.

Übrigens fing in dieser 83er Schleife für uns alles gut an, zumindest bis Pau: Sean Kelly knöpfte am 10. Juli dem Dänen Kim Andersen das Gelbe Trikot aufgrund seiner Zeitgutschriften wieder ab. Natürlich wollte Kelly das begehrte Teil möglichst lange tragen, weshalb wir uns für eine Synacthen-Retard-Injektion entschieden. Der Ire, gestandener Vollprofi, wollte nie mit Stoff auffliegen. Mit Nachdruck betonte er: »Auf der Tour nehme ich die Dopingmittel sehr ernst.« Er meinte damit die nachweisbaren – eine Meinung, mit der er nicht allein dastand.

Anderntags konnte Kelly nicht einmal ein Hinterrad halten; beim kleinsten Anstieg fiel er zurück. Und wer die 201 Kilometer lange Strecke von Pau nach Luchon kennt, kann nachvollziehen, daß das Trikot des Führenden in der Gesamtwertung für Sean Kelly eine Nummer zu groß war. Sean landete abgeschlagen auf den hinteren Plätzen, und Pascal Simon eroberte Gelb. Jener Pascal Simon, der mit einem Haarnadelriß im Schlüsselbein couragiert kämpfte, aber letztlich gegen Laurent Fignon ohne Chance war.

An dem Tag, an dem der gefürchtete »Mann mit dem Hammer« bei Sean zuschlug, verpaßte mir Tinazzi den Spitznamen »Hemmer«, der mir lange anhaften sollte. Selbst mehr als fünfzehn Jahre danach haben die Mitwisser daran noch ihren Spaß.

Einige Jahre später erzählte mir ein Mannschaftsmitglied folgende rührselige Geschichte: Als das Gelbe Trikot verlorenging, klopfte er abends an die Tür von Jean de Gribaldy. Der trauerte völlig niedergeschlagen dem Trikot nach, das eine Krönung seiner Karriere war. Das Trikot lag ausgebreitet auf seinem Bett. Auf eine Frage meines etwas verdutzten Pfleger-Kollegen antwortete Jean: »Ich hoffe nur, daß ihn dieser Vollidiot nicht ausbremsen wird!« Seine Bemerkung war auf mich gemünzt. Diese schmerzliche Niederlage, die unsere Hoffnungen brutal zerstörte, war zugleich ein Sieg für eine Handvoll Leute, die bei uns das Doping bekämpften. Trotzdem hatte dieser Sieg einen etwas bitteren Beigeschmack. Mit

Kelly hatten wir um alles oder nichts gekämpft. Am Ende hatten wir alles verloren.

Bei den Kriterien, die nach der Tour de France traditionell ausgetragen werden, begleitete ich häufig zwei bekannte Radsportgrößen aus Belgien. Während dieser dreiwöchigen Tournee lebten wir nicht nur aus dem Koffer, sondern teilten uns auch ein gemeinsames Fahrzeug. In dieser Zeit wurden sämtliche Gesetze des Sports außer Kraft gesetzt. Und die Rennen bildeten das Testterrain für neue Cocktails aus harten Drogen.

Die Fahrer bildeten oft sieben- oder achtköpfige Gruppen, manchmal auch kleinere. In trauter Runde wurde dann der Zieleinlauf einige Tage im voraus abgeklärt. Nach dem Essen setzten wir unseren Doping-Mix in einem großen Flakon an. Jeder spendierte etwas: hier eine Ampulle Pervitin, dort eine Ampulle Tonedron und zum Schluß eine Ampulle MD ... Anschließend wurde alles gut durchgerührt und subkutan verabreicht. Als Pfleger kam ich selten zu kurz, denn ich sollte ja auch noch fahren – volle Pulle mit dem Wagen zum nächsten Veranstaltungsort. Für ein Kriterium in Saint-Martin-de-Landelles (Normandie) trafen wir uns einmal vormittags in einem Privathaushalt. Das Rennen, eine lockere, hochdotierte Trainingsausfahrt, war für nachmittags angesetzt. Dafür war es aber hochkarätig besetzt: ein französischer Champion, zwei Tour-de-France-Sieger, zwei Spanien-Rundfahrt-Sieger, zwei Weltmeister und ein regionaler Hoffnungsträger aus Châteauroux-Limoges.

Paris – Brüssel, 1984: Eigentlich vom Streckenprofil her wie geschaffen für Kelly, merkwürdigerweise hat er aber nie gesiegt. Zehn Tage vor dem Rennen erkrankte Sean an Bronchitis. Er vereinnahmte daher über einen Zeitraum von sieben Tagen ein ephedrinhaltiges

Präparat. Ephedrin, das unter die Gruppe der Stimulanzien fällt, ist effizient, um Bronchien zu befreien, bei Dopingkontrollen jedoch nachweisbar. Sean setzte die Behandlung drei Tage vor dem Rennen ab, weil er kein Risiko eingehen wollte.

Kelly, Dritter hinter Eric Vanderaerden und Charly Mottet, wurde zur obligatorischen Dopingkontrolle gebeten. Nicht weiter dramatisch, denn wir hatten einen Flakon mit dem Urin eines freiwilligen Spenders, eines Mechanikers, in seine Trägerhose eingeschmuggelt. Kelly konnte problemlos den Fremdurin abgeben.

Einige Tage später erhielt Kelly Post aus Lausanne. Der Radsport-Weltverband UCI teilte ihm mit, daß er positiv getestet geworden sei. Sein Harn habe eine amphetaminhaltige Substanz, Stimul, enthalten. Der Ire war verdutzt, doch das Rätsel rasch gelöst. Um am Steuer hellwach zu bleiben, hatte besagter Mechaniker selbst etwas eingenommen. Sean wurde zugunsten von Eric Van Lancker disqualifiziert. Seit jenem Tage pinkelte der »Schrauber« nicht mehr aus Gefälligkeit einfach so drauflos.

Wenngleich Doping der Regelfall war, so gab es natürlich immer noch Ausnahmen. Die folgende, dopingfreie Geschichte klingt um so verblüffender, als sie sich nicht auf einem Eintagesrennen, sondern 1984 auf der dreiwöchigen Spanien-Rundfahrt, der Vuelta, zugetragen hat. Eric Caritoux fuhr sie mit nur einem Profijahr in den Beinen, noch dazu im Trikot des kleinen Rennstalles Sem France-Loire. Die Mannschaft hatte in ihren Reihen zunächst keinen Kapitän. Die Jungprofis sollten sich auf der einen oder anderen Etappe in Szene setzen, »sich zeigen«.

Die Erwartungen waren also recht bescheiden. Und dennoch trat das Unglaubliche ein: Knapp eine Woche vor der Schlußetappe übernahm Eric das Amarillo-Trikot. Bei ihrem Heimrennen sahen die

Spanier schon ihre Felle davonschwimmen, weshalb sie mit allen Mitteln gegen die drohende Schmach ankämpften, mit teilweise schmutzigen Tricks, Schmiergeldern und Drohungen. Eric mußte von seinen Wasserträgern ständig abgeschirmt werden: während des Rennens und zwischen den Etappen.

IX. Kapitel

Hat man Richard hintergangen?

Freitag, 24. Juli: Mein Frühstück wollte mir nicht so recht schmekken. Mir war bekannt, daß Bruno Roussel vor dem Untersuchungsrichter zugegeben hatte, daß ein organisiertes Dopingsystem existierte. Ich mußte also meinen Kopf nicht mehr allein hinhalten. Thibault de Montbrial, sein Pariser Anwalt, ging seit Beginn der Affaire strategisch brillant vor. In Absprache mit seinem Mandanten hielt er sich als Person aus dem Medienrummel raus und agierte nur per Pressemitteilungen. Am Vortag hatte der Untersuchungsrichter zugestimmt, mich für eine Dreiviertelstunde zu empfangen, und ich spürte, daß er mir glaubte. Ich hatte Bessis, meinen neuen Anwalt, kennengelernt, der sich bereits mit dem Vorgang beschäftigt und einen Antrag auf Freilassung gestellt hatte. Aber ich fürchtete die Reaktionen meiner beiden anderen Gesprächspartner – waren sie Freunde oder Feinde?

Um 8.30 Uhr führte man mich in Handschellen ab. Zusammen mit weiteren Häftlingen wurde ich in einem Polizeiwagen zum Justizpalast transportiert. Der Fahrer benutzte am hinteren Gebäude das sogenannte Mauseloch als Einfahrt. Ich hatte kaum Zeit, die Traube der Journalisten wahrzunehmen, die sich vor dem Haupteingang aufhielt. Wir marschierten einen langen Gang hinunter, der zu einer riesigen Gemeinschaftszelle, einer Art Wartesaal, führte. Drinnen waren etwa 20 Häftlinge. Dort sah ich auch ihn wieder. Er saß auf einer Bank, mit abgespannter Miene und leerem Gesichtsausdruck. Wir hatten Blickkontakt. In seinen Augen spiegelte sich Erstaunen. Es war noch gar nicht so lange her, daß er mir noch kurz zugenickt hatte, als die beiden mich begleitenden Polizisten mir zu verstehen gaben, weiterzugehen. Vor drei Wochen hatte ich Bruno zuletzt gesehen.

Man geleitete mich in den zehnten Stock in einen winzigen Raum gegenüber dem Büro des Untersuchungsrichters Keil. Bruno Roussel, Eric Rijckaert folgten wenig später nacheinander. Nach Jahren stillschweigender Duldung und Mitwisserschaft fanden wir uns in dieser beklemmenden Stille wieder. Plötzlich verstand ich, daß wir während dieser Zeit mit dem Feuer gespielt hatten.

Meine Zeit bei RMO, 1989–1992, bildete da keine Ausnahme. Doch in diesem Rennstall waren die angewandten Methoden geradezu bieder. Jeder Fahrer versuchte, das biologische System zu tunen. Längst hatte Francesco Moser mit seinem Stundenweltrekord von 51,151 km/h eine neue Zeitrechnung im Radsport eingeleitet. Das war 1984. Bis dahin galten 50 km/h als die absolute Schallmauer. Am Vorabend seines Rekordes stieß der Italiener schon einmal in diesen Grenzbereich vor. Nach 60 Minuten hatte er 50,808 km heruntergespult. Professor Conconi hatte den Maestro präpariert, der eigentlich die Rennmaschine schon eingemottet hatte. Wenn ich daran denke, daß Eddy Merckx nach seiner Bestmarke von 49,431 km/h – im Oktober 1972 – sich vier Tage vor Schmerzen nicht auf seine vier Buchstaben setzen konnte, dann verblüffte die Leistung um so mehr. Italien hatte unser nationales Denkmal, unseren Eddy, vom Sockel gestürzt.

Die anderen Pfleger, insbesondere die belgischen und die französischen, waren ob dieser Leistungsexplosion perplex. Wir bei RMO versuchten, mit herkömmlichen Mittelchen und jeder für sich allein, den Anschluß nicht zu verpassen. Bernard Aguilanu, unser Mannschaftsarzt, war gegen die Benutzung synthetischer Substanzen; er war Anhänger eines sauberes Radsports, der auf Diätetik beruhte.

Trotz der an sich sauberen Fahrlinie gab es dennoch den einen oder anderen pharmazeutischen Schlenker. Nach der Etappenankunft der Tour de France, 1992, in Valkenburg, die Gilles Delion, ein echter Saubermann, gewann, brachte ich Pascal Lino in arge Verlegenheit. Unser Mannschaftskapitän saß mit Raymond, »seinem« belgischen Pfleger für lange Sechstage-Nächte, in der Salonecke unseres Hotels in Maastricht. Pascal Lino trug damals das Gelbe Trikot seit Bordeaux und sollte es insgesamt 10 Tage bis Sestrières, behalten. Als er mich sah, versuchte er, eine Kunststofftasche hinter sich zu verbergen. Die übliche cortisonhaltige Präparation genügte ihm anscheinend nicht.

Nach dem Abendessen machte ich meine traditionelle Zimmerrunde. Da sah ich den Inhalt der Kunststofftasche auf dem Bett von Lino liegen.

»Nanu, was ist denn das?«

»Hör zu, nimm's mir nicht übel, aber manchmal gibt ›er‹ mir halt so ein paar Kleinigkeiten. Eigentlich ganz harmlos.«

Eine absolut lächerliche Behauptung. Einige Ampullen waren mit einem blauen, andere mit einem roten Punkt versehen – je nach »Anforderungsprofil«. Raymond verstand es, kleine Dinge in großem Stil zu verkaufen.

Zwei Jahre zuvor, 1990, war Charly Mottet zu RMO gestoßen. Er wurde unser Kapitän, und seine Präsenz sorgte für eine Selbstreinigung des Rennstalles. Neue Besen kehren bekanntlich gut, und das Thema Doping war für ihn ein absolutes Reizthema. Eine Anekdote soll deutlich machen, wie unnachsichtig er war. Ein Fahrer hatte uns zu seiner Hochzeit eingeladen. Alles hatte Stil: das Restaurant, das Ambiente, die Bedienung, das Menü und, und, und. An unserem Tisch saß auch Charly, Chef der französischen Nationalmannschaft, sowie ein ehemaliger Fahrer, dem der Wein die Zunge gelöst hatte: »Und dann zog ich mir Amphetamine satt rein, meine Oberarme waren wie ein Schweizer Käse durchlöchert, ich pumpte mich regelrecht voll …« Der arme Charly mußte sich alles anhören und litt. Vorzeitig verließ er dann den Saal.

Als er vom Rennstall Système U zu RMO wechselte, wußten wir so gut wie nichts über ihn. Zwar war uns bekannt, daß er das Potential für einen Tour-Sieg hätte, doch wie sollte das Umfeld dafür beschaffen sein? Bei Rennen, Mahlzeiten und gemeinsamen Abenden merkten wir, mit was für einer Sportlerpersönlichkeit wir es zu tun hatten. Dieser Charly war im Kopf und von Kopf bis Fuß gesund. Er nahm nur Eisen ein und injizierte Ipoazotal intramuskulär. Sonst nichts. Ohne Übertreibung kann man sagen, daß Charly Mottet während seiner Karriere ein Opfer des Dopings war. Nicht des eigenen, sondern dessen jener Fahrer, die ihm mit unlauteren Mitteln vermutlich den einen oder anderen vorderen Platz wegschnappten. Hätte er legale Regenerationspräparate benutzt, wäre seine ohnehin beachtliche Erfolgsbilanz sicher noch beeindruckender ausgefallen. Vielleicht hätte er sogar einen Tour-Sieg errungen, er, der in der letzten Woche regelmäßig abfiel.

Charly griff nur in ganz wenigen Ausnahmefällen zu Medrol, einem Entzündungshemmer mit niedrigem Corticoidgehalt, um seine Stirnhöhle zu befreien. Er hatte dafür therapeutische Gründe, merkte aber dennoch, wie sein Körper darauf ansprach. Andere setzten dieses Dopingmittel zur Leistungssteigerung ein. Nicht Charly, er war gradlinig! Wirklich, Charly machte nicht die Karriere, die er verdient hat.

Zu jener Zeit sollte ich auch jenen Fahrer kennenlernen, mit dem mich später die herzlichste Freundschaft verband, eine, die sich über acht Saisons entwickelte und die schon eine Art Vater-Sohn-Beziehung war. Es war eine Verbindung, die ich für unzerstörbar und dauerhaft schon deshalb hielt, weil sie auf der Basis von Unbekümmertheit, Erfolg und guter Stimmung entstanden war. Auf Grund der Rennen, Massagen und gemeinsamen Essen kamen wir uns näher. Und später gingen wir durch dick und dünn. Gemeint ist Richard, nicht jener Virenque zu seiner Festina-»Zeit«. Und erst recht nicht der heutige Virenque im Polti-Trikot. Doch das Leben beschert einem schon mal Überraschungen.

Es war 1990 im japanischen Utsunomiya bei der Amateur-Straßenweltmeisterschaft, als Richard Virenque dem RMO-Chef Marc Braillon ins Auge sprang. Der kraftvolle, wenngleich ungestüme Fahrstil von Richard hatte es ihm angetan. Zwar hatte Braillon, dem ein florierendes Unternehmen für Zeitarbeit gehörte, seit 1986 ordentlich Geld in seine Werksmannschaft investiert, doch vom Radsport hatte unser Patron dennoch herzlich wenig Ahnung. Was nichts daran änderte, daß Bernard Vallet, Sportlicher Leiter bei RMO, die Order erhielt, diesen jungen, temperamentvollen Fahrer unter Vertrag zu nehmen. Vallet war von der ihm aufgezwungenen Verpflichtung nicht gerade überzeugt, mußte sich aber fügen.

Ich erinnere mich noch gut an unsere erste Begegnung, Ende Februar 1991, vor der Tour du Haut-Var. Wir wohnten in einem Hotel in Draguignan. Er kam in einem schwarzen Golf vorgefahren. Die zwei riesigen Lautsprecherboxen dröhnten, was das Zeug hielt. Richard stieg aus seiner mobilen Disco aus. Der zweite John Wayne – dem Gang nach. Ich weiß nicht, warum ich diesen netten, eher schüchternen Kerl mit dem struppigen Haar von Anfang an sympathisch fand. Zugegeben, er war etwas angeberisch, finanziell leichtsinnig, eben jemand, der das Leben genoß. Als wollte er nichts versäumen, gönnte er sich nachmittags nicht mal ein Schläfchen, diskutierte pausenlos, hantierte an seinem Golf oder an seinen Rennschuhen herum. Manchmal mußte ihn die Teamleitung schon zügeln, gar maßregeln. Es machte ihm nichts aus, Fragen zu stellen, auf die man nur mit einer Binsenweisheit antworten kann. Einige Kostproben: Warum wurde das große Blatt mit 52 und nicht mit 53 Zähnen aufgelegt, wozu die Salbe X, warum ausgerechnet das Rennprogramm Y ...? Mit seiner professionellen Neugier fiel er auf. Und er hörte uns, den Mechanikern, dem Masseur und dem Sportlichen Leiter aufmerksam zu, was ihm weitere Bonuspunkte einbrachte. Richard war wie ein Kind, das seine ersten Gehversuche macht. Er wollte in seinem Metier vorankommen – also schnell fahren ... Kurzum, er war ein Rohdiamant, dem nur der Feinschliff fehlte, aber daran arbeitete er, und ich half ihm. Mit der Zeit wurden wir bei Renneinsätzen ein untrennbares Gespann, das nur im Duo stark war.

Jahr für Jahr erzielte Richard Virenque auf allen Gebieten spektakuläre Fortschritte. Schade nur, daß sein renntaktisches Verständnis damit nicht Schritt hielt.

24 Jahre betrug der Altersunterschied zwischen uns, und wir traten mehr oder weniger wie Vater und Sohn auf. Er hörte mir häufig zu, mitunter stritten wir uns. Auch nachdem ganz Frankreich von der »Virenquemania«, jenem Virenque-Fieber im Juli, angesteckt und er zu einem Star aufgerückt war, behandelte ich ihn weiterhin wie gehabt. Er fand das auch in Ordnung. Wenn die Kriterien nach der Tour Hochsaison hatten, stieg ihm seine Popularität gelegentlich zu Kopf, und er flippte aus. Beim Großen Preis von Isbergues machte er mich 1996 öffentlich zur Schnecke wegen einer im Rennen nicht gereichten Trinkflasche. Was ihm dabei entgangen war: In der Schlußrunde dürfen gemäß Reglement keine Trinkflaschen

mehr gereicht werden. Nach seiner verbalen Attacke in aller Öffentlichkeit schnauzte ich ihn in der Kabine an: »Nach fünf Profijahren solltest du langsam wissen, daß in der Schlußrunde keine Pullen mehr gereicht werden dürfen. Beim nächsten Mal bekommst du eine an den Kopf, okay?« Meine Standpauke hatte Wirkung. Trotzdem: Richard war ein netter Kerl.

Manchmal mangelte es Richard auch am nötigen Insiderwissen. In einem Rennen wies ihn einmal ein Kollege in aller Schärfe zurecht, weil er pausenlos attackierte. Nachher vertraute sich Richard mir an. Da wäre »ein kleiner Fahrer, braunhaarig, in einem Carrera-Trikot, Startnummer 32«, mit dem sei nicht gut Kirschen essen … Er meinte Claudio Chiappucci. Und »El Diablo« trug ihm nichts nach, denn er mochte letztlich einen solchen Hitzkopf wie Richard, der ihm irgendwie ähnelte.

Wenn Virenque auf der Massagebank lag, wurde aus ihm schnell der private Richard. Er vertraute mir viele Dinge an: seine Sehnsüchte, seine Projekte, seine Wünsche.

Das war um so aufregender, als sich vieles davon realisierte. Wie beispielsweise seine Prachtvilla mit Schwimmbad und der schwarze Porsche, sein allererster. Manchmal war er über seinen Erfolg selbst verwundert. »Willy, ich frage mich manchmal, ob mir das alles wirklich gehört.« Er war spontan, feinfühlig. Deswegen mochte ich Richard. Und aus all diesen Gründen hat mich sein Verhalten nach meiner Verhaftung stark verletzt.

Hatte er seine erste Dopingerfahrung vergessen? Damals, 1993, fuhr er in seinem ersten Jahr im Team Festina. Er war für ein internationales, zweitägiges Kriterium gemeldet worden: Samstag ein Straßenrennen, Sonntag früh ein Bergrennen und am Nachmittag ein Einzelzeitfahren. Am ersten Wettkampftag wurde Richard Vierter, eine gute Ausgangsposition.

»Heute abend würde ich gern ein Ding nehmen«, sagte er mir auf der Massagebank.

»Nun mal langsam, Richard, du hast noch nie etwas genommen. Wir wissen nicht, wie dein Körper darauf anspricht.«

Man mußte bei so etwas vorsichtig vorgehen. Deshalb beschlossen wir, eine halbe Ampulle Synacthen eine Stunde vor dem Start zu injizieren. Sozusagen als Testlauf. Die Auswertung war schnell gemacht: Richard kam erst nach Kontrollschluß ins Ziel und das Mittel auf die interne »Verbotsliste« von ihm.

Mein Vater pflegte immer zu sagen: »Wenn man einem Schwein den Schwanz abschneidet, wird daraus noch kein Hammel.« Ich erinnere mich auch noch gut an eine Bemerkung von Marc Madiot aus jenem Jahr 1991, als er im RMO-Trikot zum zweitenmal den Klassiker Paris – Roubaix gewann. Richard Virenque, damals Jungprofi, steckte seine Nase überall hinein, er brannte vor Neugier und grenzenlosem Tatendrang. Er wollte unbedingt wie die Großen sein. Auf einem Lehrgang in Gruissan zu Saisonbeginn stand er inmitten von Lino, Caritoux und Kollegen, als ihm Madiot zurief: »Mein Junge, eines Tages wirst du garantiert als *chaudière* enden.« »Heizkessel« ist im Branchenjargon die Bezeichnung für einen dopingabhängigen Fahrer.

Zur Zeit von RMO wurde Doping, den Beteuerungen nach, nicht betrieben. Die wenigen »Präparationen«, die ich miterlebt habe, hatten aber durchschlagenden Erfolg. So injizierte ein durchschnittlich begabter Fahrer Cortison beim Rennen Paris – Nizza. Bis zu jenem Tag war er nur mit Wasser gefahren. Ein sauberer Typ. Im Klassement war er gut plaziert, weshalb er Kenacort verlangte, um beim abschließenden Einzelzeitfahren optimal den Eze-Paß angehen zu können. Und am Sonntag abend war er in der Gesamtwertung unter den fünf Besten in der Gesamtwertung. Dennoch glaube ich, daß er sich kein zweitesmal für die Option Doping entschied.

Nochmals Paris – Nizza: zwei Tage vor der Schlußetappe kam ein anderer Fahrer völlig ausgelaugt ins Ziel. Er suchte nach dem geeigneten Stoff, um wieder »gute Beine« zu bekommen. Sein Masseur und er entschieden sich abends für eine intramuskuläre Syncortil-Injektion, Corticosteroid, das bei Dopingkontrollen scheinbar »neutraler« als die übrigen Corticoide ist. Die Injektion sollte ihm sozusagen den Antritt erleichtern. Anderntags fuhr er unerwartet stark und gewann die Etappe, die mit einem Schlußanstieg endete. Überschäumender Jubel. Und die Aussicht auf eine Dopingkontrolle konnte diese Euphorie keineswegs trüben.

Im Peloton verbreitete sich das Gerücht, daß Corticoide auf einmal doch nachweisbar wären. Etwas verblüffend schon, doch der besorgte Pfleger suchte mich im Fahrzeug auf, wo ich die Verpflegung für den nächsten Tag vorbereitete.

»Willy, weißt du, ich habe Heulot Syncortil gegeben.«

Ich lachte ihn aus. »Da kannst du ganz beruhigt sein! Das Zeug findet keiner.«

Er war nicht davon überzeugt. Da er glaubte, in der Klemme zu stecken, verständigte er Jacques Michaud, den Sportlichen Leiter. Der wiederum gab die Information an Bernard Aguilanu, den Mannschaftsarzt, weiter. Er wiederum informierte Marc Braillon, die höchste Hierarchiestufe überhaupt, und forderte zugleich eine Sanktion, denn er hatte schon seit längerem Zweifel an den Praktiken dieses Pflegers. Aus der Mücke war inzwischen der vielzitierte Elefant geworden, denn in Braillons Ohren klang das so, als ob Heulot hoch gedopt gewesen wäre, was stark übertrieben war. Der Pfleger wurde gefeuert. Der Fahrer war übrigens makellos durch die Kontrolle gekommen und sitzt noch heute im Rennsattel.

Ich arbeitete ausschließlich für Profirennställe, weshalb mir nicht genau bekannt war, was sich in den unteren Leistungsklassen abspielte. Doch anhand einiger Fälle mit überraschendem Ausgang vermochte ich mir, so glaube ich, ein genaues Bild zu machen. Es war etwa Anfang der neunziger Jahre, bei der Tour du Vaucluse, einem offenen Wettbewerb, bei dem die Profis und Amateure gemeinsam antreten. Ich hatte mit einem jungen Fahrer sympathisiert, der im Rennen eine gute Figur machen wollte. Er gestand mir, drei Tage vor dem Start das Anabolikum Decca-Dorabulin, das monatelang im Organismus bleibt, injiziert zu haben. Ausgerechnet er wurde zur Dopingkontrolle ausgelost. Und was passierte? Überhaupt nichts. Mit Sicherheit war er nicht protegiert worden. Was wiederum bewies, daß die Kontrollen nicht zuverlässig waren.

Je näher der alljährliche Start zur Tour de France heranrückte, desto größer wurde bei etlichen Fahrern die Versuchung, alles zu drücken, zu schlucken oder zu trinken, was es so gab. Dies traf besonders auf jene zu, denen in ihrer Mannschaft kein Stammplatz sicher war. Das Teilnehmerfeld war gewöhnlich auf zwanzig Teams mit jeweils neun Fahrern beschränkt. Den nicht gesetzten Fahrern bot sich sozusagen auf der Zielgeraden noch Gelegenheit, sich bei ihren Sportlichen Leitern zu empfehlen: Midi Libre, Route du Sud, Tour du Luxembourg, Katalonien-Rundfahrt, Tour de Suisse. Von französischer Warte aus bildete das nationale Championat die letzte Möglichkeit, noch auf den Tour-Zug aufzuspringen. Die *chaudières* heizten sich nochmals kräftig auf.

Aber die Kehrseite der (Doping-)Medaille war natürlich die nachlassende Wirkung der Substanzen. Die Fahrer, die mit der Brechstange ihre interne Nominierung für die Tour unter pharmazeutischer Nachhilfe erzwangen, erlebten in der ersten Tour-Woche gewöhnlich einen Einbruch – den sogenannten Bumerang-Effekt.

Medikamentenmißbrauch hin oder her, entscheidend war immer, bei Dopingkontrollen nicht überführt zu werden. Das Mißgeschick eines französischen Fahrers bei einem Frühjahrsklassiker beweist, daß das System mit bestimmten Unsicherheiten behaftet ist. In diesem speziellen Fall bin ich mir einer Mitschuld schon bewußt. Vier Tage vor dem Rennen, einem Dienstag, telefonierten wir miteinander. Um die Motivation des Fahrers war es nicht gut bestellt, zumal das vorhergesagte schlechte Wetter ihn für seine Trainingsausfahrt, die anderntags anstand, nicht gerade beflügelte. Mit einem spaßigen Unterton schlug ich ihm deshalb vor, sich doch Amphetamine zuzuführen, um das siebenstündige Training etwas erträglicher zu gestalten. Er machte es und bestätigte mir später, daß ihm das Training Spaß gemacht hätte. Aber sein Rennen dann am Samstag hielt mit seinem Motivationsgewinn nicht Schritt. Schlimmer noch: Er wurde zur Dopingkontrolle ausgelost. Da seine Einnahme drei Tage zurücklag, hatte er im Prinzip nichts zu befürchten. Er wurde dennoch positiv getestet und bestraft. Sein Organismus hatte die Amphetamine nicht – wie angenommen – abgebaut. Hätte er vorher Urin gelassen und viel getrunken, bevor er sein Fläschchen abgab, wäre er sicherlich durch die Maschen geschlüpft.

RMO ist ein Kapitel für sich: Mit diesem Namen verbindet sich auch ein Fall von Hochstapelei großen Stils. Marc Braillon suchte Ende 1992 nach sieben Jahren als Sponsor einen Nachfolger, der seinen Rennstall übernahm. Er glaubte, diesen seltenen Vogel in dem Prinzen Icham – so dessen offizielle Anrede – gefunden zu haben.

Braillon hatte bereits etliche Zeit zuvor einen psychologischen Berater engagiert. Er war von der Persönlichkeit dieses Mannes so fasziniert, daß er ihn allen Ernstes seinen Futurologen nannte. Unsere Zukunft wird demnach in guten Händen liegen … Besagter

Futurologe, der nach eigenen Worten »einen Paß für das dritte Jahrtausend« besaß, arbeitete bereits mit dem Führungskader des Unternehmens RMO.

Es dauerte nicht lange, bis Braillon auf die glorreiche Idee kam, den Guru seines Hauses zu bitten, seine Methoden und Erkenntnisse auch der Abteilung Radsport zugute kommen zu lassen. Der Guru ließ als erstes die weiß-grün-schwarzen Begleitfahrzeuge und Rennräder umlackieren. Der neue Look in Rot und Schwarz sollte unsere Gegner das Fürchten lehren. Was natürlich nicht passierte. Unser Guru hatte auch den glänzenden Einfall, einen Lehrgang im Département Ardèche abzuhalten. Keine Duschen, keine Klos. Kurzum, spartanische Zustände. Das war des Guten zuviel! Die Fahrer, alle voran Charly Mottet, protestierten energisch, bevor sie über Brennnesseln robben mußten.

Prinz Icham kam uns von daher wie der Erlöser vor. Wir tauschten unser Zeltlager in der Ardèche gegen Oasen in der Sahara. Fata Morganen inklusive. Trotzdem sorgte sein exotisches Auftreten anfänglich für einigen Spott, zumal die Gründe, weswegen er unbedingt Sponsor eines Profi-Radrennstalles werden wollte, nach wie vor im dunklen lagen.

Die »große Nummer« nahm in Luxemburg am Vorabend des Tour-de-France-Startes ihren Lauf. Der Ruf der Menschenfreundlichkeit eilte dem Prinzen voraus, als eine halbe Stunde vor dem Nachtessen die vollzählige Mannschaft in einem separaten Saal unseres Hotels Aufstellung nehmen durfte. Und Prinz Icham, eigens per Hubschrauber eingeflogen, legte, von einem Trupp Leibwächter eskortiert, einen bombastischen Auftritt hin. An der Seite des Turbanträgers schritt Marc Braillon daher, der im siebenten Himmel zu sein schien. Punkt 19 Uhr ließ der Prinz einen Apéritif servieren. Marc Braillon, sekundiert von seinem Sportlichen Leiter Jacques Michaux, stellte unserem fürstlichen Retter, der sehr gut französisch konnte, die Fahrer einzeln vor. Prinz Icham überreichte jedem einen Füllfederhalter einer Nobelmarke. Mit einer kurzen, verheißungsvollen Ansprache des Prinzen ging es weiter. Er versprach, das Team komplett mit allen Leuten zu übernehmen.

Ein Fahrer wollte gern den Firmennamen unseres künftigen Sponsors wissen.

»Wissen Sie, ich besitze zahlreiche Unternehmen. Die Möglichkeiten sind vielfältig, und ich habe meine endgültige Entscheidung noch nicht getroffen.«

Prinz Icham und sein Gefolge tauchten dann nochmals in Alpe d'Huez auf. Ein reiner Höflichkeitsbesuch, der uns aber dennoch hoffnungsfroh stimmte. Um den Schlußakt der Tour de France in Paris feierlich zu begehen, werde es auf der Seine einen Gala-Abend an Bord eines Schiffes geben, ein rauschendes Champagnerfest. Obwohl die Antwort auf unsere Namensfrage nach wie vor nicht kam, waren wir überwältigt.

Die Geschichte à la Münchhausen sollte einen Monat später ihren Höhepunkt erreichen. Die RMO-Equipe einschließlich Begleittroß und Familien, rund vierzig Personen, wurde wenige Tage vor der Tour de Limousin auf ein belgisches Schloß in der Nähe von Charleroi eingeladen. Jacques Michaux erklärte uns, Prinz Icham werde offiziell die Übernahme des Rennstalles im Rahmen einer exklusiven Feier ankündigen ...

Die Feier war dann auch exklusiv. Auf dem Parkplatz standen mehrheitlich Mercedes-Limousinen. Am Portal kontrollierte ein gutgekleideter Herr – Schießeisen unter dem Jackett – die Einladungen. Der Reichtum spiegelte sich im Innern des Schlosses. Im Park wurden unter einem eigens errichteten Zeltdach Kaviar und Gänseleberpastete zum Apéritif gereicht. Das Bedienungspersonal trug

Livree, und das Tafelgeschirr war aus Gold. Ich hatte dergleichen noch nie gesehen. Wir speisten fünf Stunden.

Prinz Icham ging, in Dschellaba und Babuschen, von Tisch zu Tisch. Für jeden Gast hatte er ein aufmerksames Wort übrig. Sylvie, meine Frau, war Tischnachbarin von Bruno Roussels Gattin. Während ihrer Unterhaltung fanden sie heraus, daß sie beide zum Jahrgang 1962 gehörten. Prinz Icham wurde zufällig Ohrenzeuge dieses Gespräches. Wenig später kredenzte der Weinkellner den Damen einen 62er Spitzenwein. Der Nachmittag klang mit der Darbietung einer bulgarischen Musikgruppe aus. In der ersten Reihe saßen in schweren roten Samtsesseln Prinz Icham und Marc Braillon. Sie genossen jeder eine Zigarre.

Doch zum eigentlichen Thema der Zusammenkunft war nach wie vor kein Satz gefallen. Dann endlich ergriff der Prinz vor einer verzückten Zuhörerschaft das Wort. Er ließ es – einmal mehr – bei einer Erneuerung seines Versprechens bewenden. Da mehrere Fahrer, insbesondere Mottet, auf Garantien bestanden, erklärte er ohne einen Anflug von Kränkung oder Fassungslosigkeit, daß er auf alle Fälle sämtliche Gehaltszahlungen bis zum Jahresende übernehmen werde. Der gemeinsame Nachmittag und das Schloß waren bezaubernd – als einziger Wermutstropfen blieb, daß wir wieder einmal nur mit Worten abgespeist worden waren.

Einige Wochen später erfuhr man aus den Zeitungen, daß der Pseudoprinz ein internationaler Betrüger war. Weniger war indes bekannt, daß er Marc Braillon überzeugt hatte, ihm 5 Millionen Francs vorzustrecken, die, so der Prinz, es ihm gestattet hätten, die versprochenen 50 Millionen aus dem Ausland loszueisen. Wohlgemerkt, für die Übernahme der Mannschaft. Der Prinz hatte sich in Luft aufgelöst – mit ihm einige Illusionen.

X. Kapitel

P, X, Z und die schnelle Pulle

24. Juli: Ich betrat in Begleitung von Rechtsanwalt Baron als erster das Dienstzimmer des Untersuchungsrichters. Die Protokollschreiberin wartete bereits hinter ihrer kleinen Maschine. Ich war zuversichtlich, denn am Vortag hatte mir der Untersuchungsrichter in Aussicht gestellt, mich auf freien Fuß zu setzen.

Erstmals begegnete ich bei dieser Gelegenheit Jean-Louis Bessis, meinem neuen Rechtsbeistand. Über seinen Namen mußte ich schmunzeln, denn französisch ausgesprochen klang er wie eine halbe Ampulle B_{12} – Sie wissen schon: die mit den Vitaminen! Was seine Energie indes betraf, hatte er eher den Punch einer B_{24}. Bei der Gegenüberstellung brannte er ein wahres Feuerwerk ab: Er stellte Fragen, die ins Schwarze trafen, und führte aus, daß die wirklich Verantwortlichen gar nicht zugegen seien.

Wir saßen nebeneinander vor dem Richter. Von links nach rechts: Anwalt Baron, ich, Anwalt Bessis, Thibault de Montbrial, der Anwalt von Roussel, Bruno Roussel selbst, Demarcq, der Anwalt von Rijckaert und Rijckaert selbst. Zwei Wächter bewachten buchstäblich, aber regelgerecht unsere Stuhlreihe. Links des Untersuchungsrichters saßen der Staatsanwalt, ein Dolmetscher für Französisch/Flämisch, der zweite Anwalt von Rijckaert und eine Assistentin von Anwalt Bessis. Soweit die Bühnendekoration. Jetzt konnte eigentlich der Vorhang für das Schauspiel aufgehen. Eine gute, vielleicht einzigartige Gelegenheit, alles auszupacken – und zwar über die Festina-Affaire hinaus. In diesem Raum waren wir unter uns, abgeschirmt von der Außenwelt. Roussel und ich unterschieden uns – im großen und ganzen – nicht von den Angehörigen anderer Rennställe. Mit Ausnahme von zwei kleinen Punkten: Ich hatte den Fehler begangen, mich an einem Grenzposten erwischen zu lassen, und Roussel beging den Fehler, sich offen zu seiner Verantwortung zu bekennen. Ganz allgemein setzten sich nun mal die Rennställe nicht mehr aus Sportlern zusammen, sondern aus Profis, denen jeder Kniff recht ist, um sich in dem Geschäft zu behaupten.

Die Atmosphäre im Raum war gespannt. Weil Rijckaert, Roussel und ich beruflich mehr Zeit miteinander verbracht hatten, als mit unseren Familien, waren wir uns menschlich sehr nahegekommen. Es war schwierig, sich zu verteidigen und dabei gleichzeitig auf Freundschaften Rücksicht zu nehmen. Der Richter verlas langsam unsere bisherigen Aussagen und fragte uns immer wieder, ob alles so richtig sei. Wir sollten ja oder nein sagen, andernfalls präzisieren. Ich stimmte der Aussage von Roussel in allen Punkten zu. Auch ansonsten gab es bei dieser Gegenüberstellung zwischen Bruno und mir überhaupt keine Divergenzen. Er hatte die Sachverhalte zugegeben, sich zu seiner Verantwortung bekannt und klar zum Ausdruck gebracht, daß ich auf der untersten Hierarchiestufe angesiedelt war.

Im Gegensatz dazu konnte die Version, die von Eric Rijckaert aufgetischt wurde, nicht unwidersprochen hingenommen werden. Weder von Roussel noch von mir. An jenem Morgen erklärte er, daß seine Rolle sich darauf beschränkt hätte, die Gesundheit der Fahrer zu kontrollieren. Er jedenfalls hätte ihnen nie Dopingmittel verabreicht. Derjenige, der die Präparate verteilte und injizierte, sei ich gewesen. Im Klartext: Er habe keine Ahnung von alledem gehabt, was unterderhand geschah. Roussel und ich haben seine Worte widerlegt, aber er wollte von seinen Behauptungen nicht abrücken. Er erdreistete sich sogar zu der Erklärung, er habe mehr oder weniger selbstlos für die Mannschaft gearbeitet. Dabei kassierte der brave Mann pro Tag sage und schreibe 36 000 belgische Francs (rund 1800 Mark). Bei einer Präsenz von rund 100 Tagen pro Jahr war leicht auszurechnen, was für den Mediziner unter dem Strich dabei heraussprang. Von Selbstlosigkeit könne bei dieser Dotierung ja wohl nicht die Rede sein, meinte der Untersuchungsrichter lakonisch.

Zum Schluß bat er mich, mit meinen beiden Anwälten noch einen Moment zu bleiben. Ich war auf alles gefaßt.

»Herr Voet, ab 16 Uhr sind Sie frei, stehen aber weiterhin unter Polizeiaufsicht.«

Ich traute meinen Ohren nicht. Das klang nach einem Sechser im Lotto! Ich brachte mühsam ein Wort des Dankes hervor und unterschrieb ein Formular, das er an den Leiter des Gefängnisses in Loos faxen wollte. Mir machte es nichts mehr aus, mit dem Sicherheitsfahrzeug zur Zelle zurückzukehren. Auch die polizeilichen Auflagen störten mich nicht weiter. Ich war nicht mehr in Handschellen. Ich war frei und zugleich befreit. Bruno Roussel hatte mich gerettet.

»Willy«, flüsterte er mir zu, »entschuldige, aber ich konnte gar nicht anders handeln.«

Ihm war voll verziehen. Wenn auf jemanden eine Katastrophe hereinbricht, schützt man sich reflexartig. Ich konnte sein Pflichtgefühl und seine Sensibilität nicht vergessen. Eine Kommunion, eine Krankheit – und schon gewährte er uns einige Tage Urlaub, um heimfahren zu können. Weit mehr noch: Er respektierte mich – mich und meine 30 Jahre Radsport. Er selbst hatte nicht einmal ein Drittel davon auf dem Buckel. Bruno Roussel konnte auch nicht unsere gemeinsame Vergangenheit vergessen. Seine war ein Teil unserer.

Im Laufe des Winters 1992/93 hatte ich mich bei mehreren Teamleitern wie Jean-Luc Vandenbroucke und Bernard Quilfen, dem Stellvertreter von Cyrille Guimard bei der Formation Super U, vergeblich beworben. Schließlich landete ich durch Vermittlung von Pascal Lino bei der Festina-Mannschaft. Doch zunächst mußte ich mich noch gedulden. Kurz vor Weihnachten bestellte uns die Direktion des Uhrenherstellers in ein Hotel in Andorra. Wir, Fahrer und Betreuer, waren insgesamt rund fünfzig Leute. Wir warteten in einem Gang, bevor wir einzeln vor Miguel Rodriguez, den Patriarchen, und Miguel Moreno, den Sportlichen Leiter, traten. Die Unterschriften der Fahrer hatten Vorrang, wobei sich die gesamte Verpflichtungsprozedur dennoch bis 4 Uhr morgens hinzog.

Die Festina-Mannschaft war wirklich kosmopolitisch. Sie bestand aus drei Gruppen: Die erste bildete der ehemalige RMO-Kern (Virenque, Lino, Vermiote, Roussel und ich), die zweite stammte aus der holländischen Formation PDM (Rooks, van Poppel, van Lancker, Koerts und Rijckaert, der zwischenzeitlich als Rennarzt ausgesetzt hatte) und die letzte, überwiegend spanische Gruppe wurde ausgerechnet von einem Iren angeführt – Sean Kelly. Was für eine Mischung! Wie konnte da eine Identität entstehen! Was konnte beispielsweise Rooks, gebürtiger Friesländer, mit Roberto Torres, der in einem Madrider Vorort aufgewachsen war, schon groß gemein haben? Oder der Holländer Jan Giesberts, Patron der Sportlichen Leiter, mit seinen Stellvertretern Miguel Moreno, zuständig für die spanischen Wettbewerbe, und Bruno Roussel, der für die französischen Rennen verantwortlich war? Roussel, der als letzter angestellt worden war, und dies auf ausdrücklichen Wunsch der französischen

Fahrer, unter anderem Virenque, war im übrigen nur der vierte Mann im Glied, da Giesberts' Stellvertreter dessen Landsmann Piet van de Kruis war.

Die französische Truppe hatte die Rundfahrten Ende des Frühjahres, insbesondere das Critérium du Dauphiné und der Midi Libre, sozusagen als Ouvertüre auf die Große Schleife zu bestreiten; deswegen mischte sie sich nicht in die holländischen Belange ein. Die Holländer bereiteten sich gezielt auf die Frühjahrsklassiker vor. Doch Anfang Juni 93 haben sich einige Holländer bei dem Critérium du Dauphiné dem französische Kern angeschlossen, damit die Chemie für die Große Schleife – Hauptziel der Saison – stimmte. Darunter waren Steven Rooks, Jean-Paul van Poppel und der Mannschaftsarzt Eric Rijckaert.

Wir kamen aus dem RMO-Rennstall mit unseren kleinen Mixturen auf Corticoiden-Basis. Sehr schnell verstand ich, daß dies eine Hausapotheke war im Vergleich zu dem, was uns erwartete. Einige Tage vor einem Rennen bestand Rijkaert darauf, mich mit gewissen »Vorkehrungen« vertraut zu machen, die beim holländischen Clan üblich waren. Er brauchte einen Vertrauensmann, um seine Ratschläge weiterzugeben. Wegen meiner flämischen Muttersprache war ich die Idealbesetzung. So bekam ich einen genaueren Einblick in die EPO-Praktiken. Die holländischen Fahrer benutzten diesen illegalen Beschleuniger schon seit letztem Jahr, und Rijckaert erklärte mir dessen vorteilhafte und nachteilige Wirkungen, und vor allem wies er mich in die Applikation ein. Strenggenommen wollte er nichts mit der EPO-Beschaffung zu tun haben, die Fahrer sollten sich selbst eindecken. Und das konnten sie recht gut.

Darüber sprach er auch mit Bruno Roussel, der sich anfangs sträubte. Roussel war ein Anhänger der progressiven Vorbereitung der Fahrer, und die immer stärker sich verbreitenden EPO-Praktiken verstießen gegen seine ethische Überzeugung. Aber er mußte sich die Gretchenfrage selbst stellen: Wollte man nur im Feld mitrollen oder als echter Mitbewerber antreten, um zu gewinnen? Angesichts der Ambitionen der Mannschaft und der Angst, sich lächerlich zu machen, konnte Roussel nicht lange widerstehen. Der Apfel war nun mal wurmstichig.

Die sportliche Ethik wurde von der Realität nicht nur eingeholt, sondern beim Start zur Tour de France Anfang Juli 1993 in Le Puy du Fou zu Grabe getragen. An gleicher Stätte traf sich die Tour 99 zu ihrem Prolog über 6,8 Kilometer. Der Name der Ortschaft erinnerte mich zwangsläufig an »unseren« belgischen *Pot du fou*, diesen Doping-Mix für Irre. Schon bevor die nominierten Fahrer im Département Vendée eintrafen, war ihnen bekannt, daß EPO angesagt war. Eine Premiere ohnegleichen! Die Franzosen Lino, Virenque oder Dojwa aus der Festina-Equipe waren angesichts dieser Perspektiven ganz aus dem Häuschen, zumal die dafür anfallenden Kosten vom Rennstall übernommen wurden als Tour-Geschenk. Der an Bronchitis erkrankte Dojwa war euphorisch. Ihm wurden verstärkt Antibiotika injiziert, so daß er mehr EPO als die anderen benutzte, um die Vireninfektion zu bekämpfen.

Der französische Clan kannte die Beschaffungswege für das Blut-Doping-Mittel EPO überhaupt nicht. Die Ungeduld der Mannschaft wuchs merklich, als 48 Stunden vor dem Start zur Tour der EPO-Engpaß noch nicht behoben war. Die Fahrer waren inzwischen beim üblichen Gesundheitscheck durch den Tour-Arzt.

Um seine merklich genervten Schützlinge zu beruhigen, rief Bruno Roussel in Spanien an. Anschließend versicherte er ihnen: »Morgen per Luftfracht.«

Tatsächlich traf die Lieferung von rund 100 Einheiten wie zugesagt ein. Rijckaert trat in Aktion. Am selben Tag ließen sich die Fahrer in einem Labor in Cholet eine Blutabnahme machen. Je nach gemessenem Hämatokritwert jedes einzelnen Fahrers stockten wir auf. Die Obergrenze von 50 Prozent, die der Radsport-Weltverband UCI erst vier Jahre später festlegte, war damals noch nicht relevant. Doch Rijckaert wollte 54 Prozent nicht überschreiten, um die Risiken zu minimieren. Die Fahrer durften anfänglich 2000 Einheiten täglich benutzen. Rijckaert fand diese Dosierung angemessen. Dann wurde alle zwei Tage injiziert, bis damit eine knappe Woche vor der Schlußankunft in Paris ausgesetzt wurde. Ab diesem Zeitpunkt war es nicht mehr nötig, diese Kur fortzusetzen, da die Wirkung ohnehin erst später eintrat.

Am Ruhetag in Andorra war ich nachmittags auf dem Zimmer tätig, das sich Richard Virenque und Jean-Philippe Dojwa teilten. Ich hatte intravenöse Proteininfusionen an einem Bilderhaken aufgehängt, um die Fahrer damit wieder hochzupäppeln. Wegen der relativ dickflüssigen Lösung durfte die Tropfgeschwindigkeit nicht hoch sein: 40 Tropfen pro Minute. Deswegen dauerte die Prozedur insgesamt mehr als zwei Stunden.

Plötzlich riß Joël Chabiron, der Manager, ohne anzuklopfen unsere Zimmertür auf. Fatal daran war, daß er sich in Begleitung eines spanischen Journalisten befand.

Helles Entsetzen! Ich stürzte zur Tür, blockierte sie mit meinem Fuß und erklärte, daß der Arzt gerade die Fahrer untersuche. Doch Chabiron wollte davon nichts wissen! Panikartig flüchtete Virenque, mit der Infusionsflasche und der Nadel im Arm ins Badezimmer. Er wußte nicht, daß er die Flasche dabei hätte hochhalten müssen. Der Rückstau-Effekt trat sofort ein, und sein Blut schoß wie eine Welle in die Lösung ein, was ihn nur noch mehr irritierte. Zum Glück hatte inzwischen Joël Chabiron die Situation erkannt. Nachdem ich die Tür geschlossen hatte, machten wir wie gehabt weiter. Nur Dojwa lachte sich dabei halb tot …

Die Festina-Mannschaft beendete die Tour mit einem Etappensieg (Lino in Perpignan) und einem 15. Schlußrang für Jean-Philippe Dojwa, dem besten Franzosen in der Gesamtwertung. Eine eher magere Bilanz. Wir hatten mit der EPO-Kur zu spät angefangen, um mehr erwarten zu können, da der Hämatokritwert während einer Rundfahrt schwer hochzutreiben ist

Einige Monate später, im September 1993, unterzeichnete Pascal Hervé seinen ersten Profivertrag bei Festina. Der Fahrer aus der Touraine war ein Ex-Amateur-Champion, der für seine Courage bekannt war.

Nachdem Hervé der Mannschaft präsentiert worden war und er mir die Hand schüttelte, kam er gleich zur Sache.

»Hör mal, ich bin jetzt neunundzwanzig und habe folglich allenfalls noch vier oder fünf Jahre vor mir, um bei den Profis zu kassieren. Ich habe es dem Arzt gerade gesagt und wiederhole mich gern: Mir kommt es auf eine Spritze mehr oder weniger nicht an. Ich weiß, wie das läuft. Ich kenne das System. Bei mir brauchst du weiter keine Fragen zu stellen.«

Er war wenigstens offen.

Im Vorfeld der Saison 1994 versammelte sich Ende Januar die komplette Mannschaft zu einem Vorbereitungslehrgang in Gruissan. Alle logierten im *Le Corail* mit Blick auf den Hafen. Der Führungsstab, bestehend aus Bruno Roussel, Miguel Moreno, Michel Gros, Joël Chabiron sowie den Ärzten Eric Rijckaert und Fernando Jimenez, berief eine Zusammenkunft in einem der Salons ein. Was als Thema auf der Tagesordnung stand überraschte keinen: Die gezielte Einführung eines Dopingsystems nebst dessen Finanzierung.

Bruno Roussel, der zwei schlaflose Nächte verbracht hatte, ergriff das Wort: »Ich habe mitbekommen, was im Radsport unterderhand geschieht. Damit es dabei keine Betriebsunfälle zu beklagen gibt, haben wir beschlossen, eine entsprechende Betreuung vorzunehmen. Deshalb möchten wir Sie bitten, die Empfehlungen von Doktor Rijckaert genau zu befolgen.«

Diese Entscheidung, die sich auf den Blut-Auffrischer EPO und ein neu auf den Markt gelangtes Wachstumshormon bezog, verblüffte keinen. Mehrheitlich waren die Fahrer geradezu heiß auf eine solche Vorgehensweise. Es war vereinbart worden, daß die anfallenden Pro-Kopf-Kosten am Saisonende von den Prämien und Preisgeldern abgezogen würden. Jeder Fahrer erhielt seinen Anteil aus diesem Topf in Relation zu seinen Renneinsätzen. Das Team streckte den Betrag vor – rund 500 000 Francs. Alle Preisgelder wurden zentral vereinnahmt und von Joël Chabiron anteilig ausgezahlt.

So konnten beispielsweise einem großen Konsumenten 80 000 Francs von seinen Prämien abgezogen werden. Man sollte dazu erwähnen, daß etwa die Saison 1997, die besonders einträglich war, mit mindestens 4 Millionen Francs Gewinn schloß. Nach Vorabzug der obligatorischen 15 Prozent, die dem Betreuungspersonal zustanden, blieben noch 3 400 000 Francs übrig, die unter 22 Fahrern zu verteilen waren. Die Fahrer selbst waren dabei keine Verlierer. Dieses System wurde während der Tour 98 von den Medien als unsere »Schwarze Kasse« bezeichnet.

Dieses Verfahren wurde ein Jahr später nochmals »verfeinert« – zur selben Zeit und an alter Tagungsstätte. Wir hatten festgestellt, daß die sogenannten Wasserträger sich nur schwer eine solche Kur leisten konnten – 450 Francs für eine EPO-Ampulle, 550 Francs für eine Dosis Wachstumshormone –, obwohl gerade diese Helfer mannschaftsdienlich fuhren. Auf besonderen Antrag von Virenque und Hervé wurde per Handzeichen über einen gerechteren Kostenschlüssel abgestimmt. Die Entscheidung fiel nahezu einstimmig aus. (Bassons, Halgand und Lefèvre, die sich nie dopten, fuhren noch nicht im Festina-Trikot.) Die Jungprofis, obwohl präsent, waren von dieser Regelung nicht betroffen, und die wenigen Nörgler mußten sich der Mehrheit unterwerfen. Diese neue Bestimmung verursachte erhebliche Mißbräuche, denn die kleinen Fahrer konsumierten entschieden mehr als nötig, was dann dazu führte, daß im Jahre 1996 Virenque und Hervé, die von Dufaux gut sekundiert wurden, es vorzogen, das ursprünglich praktizierte System wiederzubeleben. Dufaux, der aus dem Once-Team kam, war von unserer Organisationsform überhaupt nicht überrascht worden. Das galt auch für alle anderen Fahrer, die aus der spanischen Mannschaft kamen: Hidge (1995), Stephens (1997) und Zülle (1998). Ansonsten erfuhren wir durch sie nichts, was wir nicht schon wußten, nur der Finanzierungsmodus war bei ihnen eben ein anderer. Nicht selten kam es vor, daß wir uns unter Pflegern gern gegenseitig mit Mittelchen aushalfen.* Die Kollegen etwa aus dem Rennstall Lotto liehen sich schon mal rasch eine Ampulle Wachstumshormone oder eine Einheit EPO bei mir aus – und umgekehrt.

* Auszug aus einem Interview von *L'Equipe* mit Bruno Roussel, 2. 7. 1999:
L'Equipe: »Wie haben sich dann die Fahrer in Irland (Tour-Start 98) aus der Klemme gezogen, nachdem die Dopingmittel vom Zoll beschlagnahmt worden waren?«
Roussel: »Ihnen ist wahrscheinlich geholfen worden. Unser System war ja neutralisiert worden, und ich habe erfahren, daß ein interner ›Notdienst‹ ab dem Einzelzeitfahren im Département Corrèze eingerichtet worden war. Ich war zu diesem Zeitpunkt schon nicht mehr bei der Tour (in Polizeigewahrsam und U-Haft in Cholet), aber ich weiß, daß ein Pfleger einer anderen Mannschaft die Versorgung mit seinen eigenen spanischen Produkten bis Paris übernahm.«

Das Austauschprogramm fand auch auf einer höheren Hierarchiestufe statt. Oft war ich Zeuge von Diskussionen unter Medizinern aus verschiedenen Mannschaften, wobei sich schwerpunktmäßig alles um die Präparation drehte. Im großen und ganzen war das PS-Tuning für alle gleich.

Wenn ich in diesem Kontext vornehmlich Virenque und Hervé erwähne, dann deshalb, weil sie ein aktive Rolle in der Verteilung der Dopingmittel spielten, der eine als die Nummer eins, der andere als dessen Adjutant. Ab 1994 informierte sich Virenque gezielt über den bei uns praktizierten Einsatz von EPO und Wachstumshormonen. »Reicht der Stoff, hast du mit dem Arzt gesprochen?« Er war deshalb so interessiert, weil die Tour de France, sein ein und alles, nicht mehr in weiter Ferne lag. Ihm war natürlich daran gelegen, daß die Mannschaft in Topform fuhr, damit sie ihm dabei half, die Große Schleife zu gewinnen, der er doch seinen Ruf verdankte, obwohl er sie noch nicht hatte gewinnen können. Virenque wußte absolut, was er machte. Er war der Leader und zugleich Sprecher seiner Mannschaft. Nichts konnte ohne ihn entschieden werden. Und schon gar nicht, wie man sich dopen sollte. Im Stadium der Vorbereitung auf die Tour gehörte er zu denen, die das Doping forcierten. Virenque ist ebenso mitverantwortlich wie Roussel, der ein organisiertes Dopingsystem einführte. Mit einem Unterschied: Roussel wünschte nur die Gefahren dieser Praktiken zu steuern, während Virenque nur an sich dachte.

Eine kleine Anekdote noch hierzu: Bei der Taufe seiner Tochter Clara im Januar 1998 stellte mich Virenque einem Biologen vor, der in einem Krankenhaus in Marseille arbeitete und des öfteren bei den Rennen in der Abteilung Medizin mithalf. Richard hatte bei ihm angefragt, ob er an synthetisches Hämoglobin herankäme, das die Versorgung des Blutes mit Sauerstoff begünstigt, ohne daß der Hämatokritwert wie bei EPO erhöht wird. Die Antwort des Mannes habe gelautet, daß es ihm nicht möglich sei, etwas von diesem Stoff an seinen Arbeitsplatz abzuzweigen. Als er mir diese Geschichte erzählte, verlangte Virenque von mir nur eines: »Sag vor allem Dufaux nichts davon.« Ein neuer Beweis für die sogenannte legendäre Solidarität unter Radprofis.

Das Festina-System wurde unverändert bis 1998 weitergeführt: selber Ort, selbe Uhrzeit … Im Prinzip brauchten nur noch die zweimaligen Lieferungen pro Jahr sichergestellt werden. Im Februar 1994 wurde die erste Dopingfracht vom Doktor Jimenez nach Gruissan gebracht. Später war Joë Chabiron für den portugiesischen Nachschub von EPO und Wachstumshormonen zuständig. In Frankreich war ich Anlaufstation für die heiße Fracht, die ich in dem Gemüsefach meines Kühlschrankes aufbewahrte. Zwar hätte ich sie auch im Kühlschrank des Festina-Renndienstes in Meyzieu lagern können, aber uns war bei meiner Haushaltslösung wohler. Nach und nach verteilte ich die Präparate nach einem festen Programm und gemäß den individuellen Bedarfswünschen.

Da ich das Vertrauen aller genoß, wurde vereinbart, daß ich die Buchhaltung über den individuellen Konsum eines jeden über das ganze Jahr hinweg führen sollte. Dies erklärt auch die Existenz meiner vielzitierten Kalender. Tag für Tag notierte ich gewissenhaft die verabreichte Dosierung auf meiner Agenda. Den Kalender hatte ich immer bei mir, so wie Aimé Jacquet, aber die Schlüsseldaten waren anderer Natur! Auf meinem »Wanderkalender« trug ich unter den Tagesspalten die Namen der Fahrer und das verabreichte Produkt ein. Am Saisonende addierte ich die Mengen und übergab die Endabrechnung Bruno Roussel.

Um zu vermeiden, daß jemand hinter das Geheimnis kam – ein Kalender kann verlorengehen oder gestohlen werden –, benutzte ich Codes für die Produkte: X stand für eine EPO-Einheit, in Rot markiert; Z stand für eine Wachstumshormon-Dosis, in Grün oder Blau markiert. Bei Saisonanfang 1998 mußte ich ein P hinzufügen: Wir benutzten auch dieses Kürzel bei unseren Telefongesprächen – man konnte ja schließlich nie wissen, ob man abgehört wurde – für Clenbuterol, ein äußerst wirksames Anabolikum, das aber nur schwer zu beschaffen war. Offenbar kannte aber Joël Chabiron die richtigen Bezugsquellen. Virenque, Hervé, Magnien und Brochard hatten neben anderen schon 1997 daran »geschnuppert«, in jenem Jahr, als der Usbeke Duschamolidin Abduschaparow* bei der Tour de France mit diesem Stoff positiv getestet und aus dem Rennen genommen wurde. Am Rande vermerkt: Jean-Luc Vandenbroucke, Sportlicher Leiter der Lotto-Mannschaft, feuerte den Pfleger Laurent Van Brussel, eine Alibi-Entlassung gegenüber den Sportinstanzen. An diesem Tag hatte Vandenbroucke sicherlich vergessen, daß er selbst 1976 bei Mailand – San Remo als Zweiter hinter Eddy Merckx deklassiert worden war, weil auch er positiv getestet worden war …

Clenbuterol, das in Frankreich für den Verkauf nicht freigegeben ist, ist eines der effizientesten Hormone zur Entwicklung von Muskulatur. Die Kälberzüchter kennen es sehr gut: mehr Fleisch = mehr Kohle. Die Entwicklung der Muskelmasse ist spektakulär. Um die Clenbuterol-Wirkung besser kennenzulernen, mußte ein Versuchskaninchen herhalten. Ein Fahrer durfte dies aber nicht sein, denn die Jungs neigen in ihrer Euphorie über tolle Leistungssteigerungen

* Der Sprintspezialist wurde nach der zweiten Etappe aus dem Verkehr gezogen. In seinem Urin hatte man das Psychopharmakon Bromantan und das Kälbermastmittel Clenbuterol gefunden.

dazu, darüber in ihrem Umfeld zu quatschen. Und im Nu ist das Peloton im Bilde. Der Probant wurde dennoch schnell gefunden und hieß Willy Voet. Kurz vor der Ausrichtung des Critérium du Dauphiné 1996 schluckte ich folglich zehn Tabletten über einen Zeitraum von sieben Tagen und füllte ordnungsgemäß ab dem fünften und achten Tag der letztmaligen Einnahme eine Urinprobe von mir ab. Danach schickte ich die Flakons an ein Labor in Genf. In meinem Harn vom achten Tag danach konnte Clenbuterol nicht mehr nachgewiesen werden. Bei einem Fahrer, der viel schneller Produkte abbaut als ein Nichtaktiver wie ich, verkürzt sich diese Frist zudem noch.

Und das Mastmittel wirkte praktisch sofort. Schon drei Stunden nach der ersten Einnahme verspürte ich ein starkes Zittern. Mir war, als ob meine Bronchien sich erweiterten, als hätte man mir einen neuen Motor eingebaut! Kurzum, ich war selbstsicher, voller Energie, stark wie ein Stier. Diese wohltuende Wirkung hielt bei mir über einen Monat vor. Diesen Effekt wollten wir auch unseren Fahrern zugute kommen lassen.

Aus diesem Grund nahmen Ende Juni etliche unserer Profis – Franzosen und Schweizer – nicht an ihren nationalen Meisterschaften teil. Sie steckten noch mitten in ihrer Clenbuterol-Kur, deren einziger Nachteil sich bei Dopingkontrollen zeigt … Offizieller Vorwand für den Startverzicht: ein innerhalb des Teams grassierender Virus, der uns unmittelbar vor dem Start der Tour de Francs größte Sorgen bereitete. Die Wahrheit: Die Mannschaft »präparierte« sich in den Pyrenäen gezielt für die Tour.

Der Radsport als Ausdauerdisziplin war schon immer ein medikamentöses Versuchsfeld gewesen. Ich habe nicht bis zum Herbst 1998 gewartet, als die Printmedien über die Praktiken der italienischen

Fußballer und englischen Rugbyspieler berichteten, um Kreatin zu entdecken. Kreatin gehörte seit 1995 zum Radsport.

Dieses auf keiner Verbotsliste stehende Produkt, das die Entwicklung von Muskelmasse fördert, kann von der Wirkung her durchaus mit einem Anabolikum wie beispielsweise Nandrolon verglichen werden. Natürliches Kreatin enthält der Muskelsaft von Fleisch. Eric Rijckaert ließ es in einem Labor in Genf synthetisch herstellen. Dieses weiße Pulver war allerdings sehr teuer. Ein Portionsbeutelchen reinen Kreatins entspricht dem Verzehrswert von dreißig Steaks. Am Vortag eines langen Zeitfahrens oder einer Bergetappe konsumierten bestimmte Fahrer bis zu dreißig Gramm Kreatin: einhundertachtzig Steaks in komprimierter Form, mit etwas Wasser angerührt.

Die im Laufe der folgenden Saisons neuverpflichteten Fahrer waren natürlich auch keine Waisenkinder in Sachen Doping. Luc Leblanc, Jean-Claude Bagot (1994), Jean-Cyril Robin, Laurent Brochard (1995), Emanuel Magnien (1996) entstammten den branchenüblichen Pharma-Mileus. Rijckaert pflegte gewöhnlich zu sagen, der Betreffende müsse erst einmal »entcortisonisiert« werden. Im Klartext: Es galt dessen Cortisonverbrauch wie bei einer Entziehungskur erheblich zu reduzieren. »Bei übermäßigem Cortisonkonsum wird man durchsichtig«, so sein Credo. Cortison zerstört trotz seines zunächst »positiven« Effektes auf Dauer die Muskulatur, da es sie zu sehr beansprucht, was natürlich wiederum zu Lasten von Sehnen und Gelenken geht.

Die Festina-Mannschaft erlebte zwischen 1994 und 1998 ihre glorreichste Epoche. Sie stieg in der Beliebtheitsskala, fuhr Siege und Resultate ein, die sie langsam, aber sicher auf den ersten Platz im Mannschaftsklassement führten. Verrückte Zeiten. Mit Ausnahme der Neuprofis, die – wie schon erwähnt – von jeglichen Dopingpraktiken ausgeschlossen blieben, waren deren Kollegen Dopingzwängen ausgesetzt, unabhängig davon, welcher Mannschaft sie angehörten. Mancher Fahrer schoß weit über das Ziel hinaus. Man denke nur zurück an den frappierenden Husarenritt von Bjarne Riis beim Aufstieg am Hautacam bei der Großen Schleife 1996. Der spätere Tour-Sieger hatte seine Rivalen nahezu provoziert, bevor er sie am Berg einfach stehenließ. Und wenn man bedenkt, daß der Hämatokritwert seiner Gegner, insbesondere bei den hochtourigen Festina-Fahrern, locker 54 Prozent betrug ... An diesem Tage machte er seinem hintersinnigen Branchennamen »Mister 60 Prozent« alle Ehre. Ich mußte schon schmunzeln. Seine Heldentat irritierte die Fachwelt, verzauberte indes das breite Publikum. Zwei Jahre später mußte ich in meiner Zelle unwillkürlich lachen, als ich Riis im Fernsehen als offiziellen Sprecher der Fahrer auf der Tour 1998 sah. Welches Radprofiwesen wollte der eigentlich verteidigen?

Ich wußte sehr genau, was in den anderen Mannschaften unterderhand vorging. Gewisse Pfleger prahlten sogar damit, um sich wichtig zu tun, da sie davon überzeugt waren, daß sie es waren, die die großen Fahrer zu Champions machten. Einige Pfleger erhielten eine nicht unerhebliche Erfolgsbeteiligung von den Fahrern ausbezahlt, die sie betreuten. Unter ihnen Marcello Torrontegui, ein spanischer Masseur, der sich lange Zeit um die Beine von Tony Rominger gekümmert hatte, bevor er seine Dienste Alex Zülle, bei Festina, anbot. Der Spanier lief nie einem Bassons oder Médan nach, die sich vom fahrenden Begleitwagen aus durch die Trägerhosen hindurch spritzen ließen. Er arbeitete ergebnisorientiert, schwor einzig und allein auf die Methode von Doktor Michele Ferrari (Spitzname: »Dr. EPO«) und wollte unseren Vorbereitungsmodus verändern. Ferrari hier, Ferrari dort, Ferrari über alles. Ich schnauzte ihn an, wie Rijckaert es auch tat, der trotz allem für ein moderates Doping eintrat.

Man muß nämlich wissen, daß die Dosierung den Umfang der Trainingsausfahrten bestimmte und nicht umgekehrt. Trotz allem: Sobald wir ihnen den Rücken kehrten, trafen sich gewisse Festina-Fahrer heimlich in Torronteguis Zimmer. Schneller, höher und weiter gemäß dem olympischen Credo. So suchte auch Richard Virenque Anfang 1996 Ferrari im heimischen Ferrara auf. Eine Konsultation genügte voll und ganz. Richard kam ziemlich perplex zurück. Die italienische »Präparation« wäre extrem teuer gewesen. Hinzu kam: Wer sich mit Ferrari liierte, konnte ziemlich sicher sein, daß später die Spatzen dies von allen Dächern pfiffen. Und vor so etwas wollte Virenque seine Familie verschont wissen. Das ist meiner Meinung nach auch der Hauptgrund, weshalb er bisher hartnäckig leugnet, in Doping-Machenschaften involviert zu sein. Anfang 1998 erfuhr ich zu meinem großen Entsetzen auch von Dufaux, daß er zusammen mit Virenque einen Schweizer Sportmediziner aufgesucht hatte, der als »der größte Doper in der Szene« galt. Und das schon seit immerhin zwei Jahren!

Unter diesen Umständen und nachdem Rijckaert durch seine Inhaftierung im Juli 98 von der Dopingszene abgemeldet worden war, konnte man sich gewisse Fragen stellen: Marcello Torrontegui war nämlich inzwischen bei Polti, dem neuen Arbeitgeber von Richard Virenque, tätig. Er war der »große Freund von Ferrari«, wie er stolz verkündete. Drei Jahre zuvor hatte Richard sich nicht auf eine Verbindung mit dem italienischen Medikus eingelassen. Er hatte ohnehin gute Resultate, und ich wurde nicht müde, ihm einzuhämmern: »Nicht der Stoff macht den Champion.«

Die Verpflichtung von Alex Zülle stieß bei Richard Virenque auf wenig Gegenliebe. Er erfuhr davon erst am Vortag der Französischen Meisterschaft in Monthléry durch eine von der Presse verlautbarte

Indiskretion, obwohl der Wechsel vielen Insidern schon seit einer Woche bekannt war …

Ich erinnere mich, wie er an diesem Abend nach dem Essen wutentbrannt in mein Zimmer stürmte.

»Stell dir mal vor, Willy, die haben den Zülle geholt.«

Offensichtlich fürchtete er, daß dadurch sein Leaderstatus beeinträchtigt werden könnte. Zudem bekam der Schweizer Champion ein höheres Salär als er, was normal war, denn schließlich war Zülle zweifacher Gewinner der Spanien-Rundfahrt, Ex-Weltmeister im Zeitfahren und Zweiter in der UCI-Weltrangliste hinter Jalabert. Normal für alle, nur nicht für Richard. Mit anderen Worten, Zoff lag in der Luft. Die Beziehung zwischen Bruno Roussel, dem Miguel Rodriguez die Verpflichtung von Zülle aufgezwungen hatte, und Virenque war von Stund an nie mehr dieselbe. Dennoch hatte Rodriguez im Sinne des Teams richtig gehandelt. Trotz seines Temperamentes und seiner glänzenden Plazierungen bei der Tour de France (Dritter 1996; Zweiter 1977) hatte Richard in seinen Augen nur Außenseiterchancen, während Zülle ein wahrer Sieganwärter für die Champs-Elysées war. Lediglich im Herzen des französischen Publikums war Virenque die Nummer eins. Seine Rennbilanz (zwölf Siege in acht Saisons, ohne Kriterien) entsprach wirklich nicht dem, was man von einem hochdotierten Mannschaftskapitän erwartete. Trotzdem: Für Richard sprachen seine Spontaneität, sein Kämpferherz und sein Charme. Regelmäßig im Juli wurde er der ideale Schwiegersohn für unzählige Mütter, das umschwämte Idol der Groupies, was für einen Sponsor genauso wichtig wie ein Sieg ist. Noch nie hatte der Zweite einer Tour (1997: hinter Jan Ullrich mit 9:09 Minuten Rückstand) einen solchen Kult in Frankreich hervorgerufen. Die sogenannte Virenquemania wurde zu einer richtigen Seuche, und Richard gefiel sich als Lichtgestalt.

Eine der Schlüsselepisoden zur Eroberung der Publikumsgunst trug sich am Ende der Tour 1994 zu. Virenque hatte zum erstenmal das rotgepunktete Trikot des besten Bergkletterers, das erste von bislang fünf, gewonnen und verkündete die noble Idee, seine Prämien den notleidenden Kindern in Ruanda zu stiften. Die Franzosen waren ob dieser Geste von ihm hingerissen. Vor einer handverlesenen Schar von Journalisten, die diesen großzügigen Akt in einem Pariser Hotel miterleben durfte, überreichte er einen Scheck über 250 000 Francs. Ein Rührstück. Was die Medien indes nicht wußten: Der Einfall hierfür stammte nicht von Richard, sondern von Miguel Rodriguez, der damit Sympathiewerbung für seine Uhrenmarke Festina betreiben wollte. Der Auftritt von Richard war mithin Pflicht und keine Kür. Zudem wage ich zu bezweifeln, daß Richard auch nur einen Schimmer davon hatte, wie es um die Verhältnisse in Ruanda bestellt war.

Diese Spende, die die Mannschaftsprämien darstellte, stieß nicht auf einhellige Zustimmung, schon gar nicht beim Betreuerstab, dem die üblichen fünfzehn Prozent der Preisgelder zustanden. Die Gehälter des fahrenden Personals stellten alles andere als Hungerlöhne dar, so daß es sich eine solche menschenfreundliche Geste leisten konnte. Wir hingegen kaum. Angesichts unserer Unzufriedenheit – uns entging eine schöne Summe – beendete Joël Chabiron abrupt die Querele: »Macht euch keine Sorgen, der hohe Chef wird das schon regeln.«

Soviel zur Imagepflege. Organisiert wurde dann noch die Versteigerung von Richards Rad und seines rotgepunkteten Trikots des besten Bergfahrers. Leider waren alle Maschinen, die Richard im Juli benutzt hatte, schon, wie bei Saisonschluß Tradition, veräußert worden. Im allerletzten Moment mußten wir von daher auf ein Ersatzrad aus dem Renndienst zurückgreifen. Es brauchte nur noch schnell ein Richard-Virenque-Schild für den Rahmen beschafft werden, und schon kam es unter den Hammer.

Drei Jahre später glänzte die Festina-Mannschaft bei der Tour de France 1997 an allen Fronten (Stephens, Rous, Brochard am Nationalfeiertag in Loudenvielle, Virenque in Courchevel). Bei jeder Steigung und an jedem Paß war immer ein Festina-Fahrer vorn. Eine Überlegenheit, die in der letzten Woche schon an Frechheit grenzte und soweit ging, daß Jan Ullrich, noch längst kein Routinier bei der Verteidigung des Gelben Trikots, beinahe abgerissen hätte. Diese Überlegenheit ließ sich nicht allein mit kollektiver Euphorie erklären. Vier Monate zuvor hatte der Radsport-Weltverband UCI die zulässige Grenze des Hämatokritwertes auf 50 Prozent festgelegt. Schon immer achtete Rijckaert darauf, daß seine Fahrer keinen Wert über 54 Prozent hatten, während viele andere Teams auch vor 60 Prozent nicht zurückschreckten. Die erheblich längere Zeit, die unsere Konkurrenten brauchten, um ihre Hämatokritwerte der neuen Norm anzupassen, gereichte uns zum Vorteil.

Die Mannschaft verpaßte jedoch auf einer Vogesen-Etappe die Gelegenheit, das Blatt in der Gesamtwertung noch einmal zu wenden. Beim Start zur Etappe Colmar – Montbeliard führte Jan Ullrich mit 6:22 Minuten Vorsprung auf Virenque. Der Deutsche, in der Tour 96 noch die Nummer zwei hinter dem Dänen Bjarne Riis, war noch nicht am Ende seiner Lehrjahre. Außerdem hatten ihn die Eroberung des Gelben Trikots beim Aufstieg nach Arcalis, neun Tage zuvor, sowie die letzte Tour-Woche merklich viel Kraft gekostet. Beim Aufstieg nach Hundstuck, eher ein »Päßlein«, formierte sich eine große Ausreißergruppe: Hervé, Rous und Virenque waren darunter, aber auch Pantani, Olano, Escartin, Casagrande, Julich, Jimenez. Alles große Kaliber.

Knapp eine Minute dahinter Ullrich mit unrundem Tritt und –

sein einziger präsenter Edel-Domestike – Udo Bölts*, der schon stark gezeichnet war. Zudem mußte der Paß Ballon d'Alsace noch bezwungen werden. Und das schier Unmögliche schien noch möglich zu sein.

Nur: An der Spitze wollte sich keiner in der Führungsarbeit mit Festina abwechseln, um den Vorsprung mit vereinten Kräften auszubauen. Richard versuchte die Fluchtgefährten aus den anderen Teams durch Geldprämien zu motivieren, aber die Summen waren offenbar nicht ausreichend, um die Kollegen aktiv werden zu lassen, wie Virenque mir später auf der Massagebank erzählte. Anstatt danach seine eigenen Mannschaftskollegen erneut aufzufordern, Tempo zu machen, gab Richard seinen beiden Helfern die Order, sich abzusetzen – was ich bis heute noch nicht verstanden habe. Zum Schluß siegte Didier Rous (vor Hervé), ein schöner Anblick gewiß – von außen gesehen, intern aber eher frustrierend.

Festina wollte nicht mehr länger um die Plätze spurten, sondern auf Sieg fahren. Diese Siegermentalität im Team zeigte sich besonders beim Einzelzeitfahren in Saint Etienne. Der 55 Kilometer lange Kurs war wellig und (vor)entscheidend für Virenque. Zwar rechnete er sich hier keine Siegchance aus, aber er wollte zumindest den Schaden begrenzen. Vor diesem Hintergrund waren ihm alle Mittel(chen) recht. Am Vortag gab ihm ein Teamkollege zu verstehen, daß ihm eine Ampulle die Beine schnell machen könnte … Nur gab es nun einmal keine Spezialpräparate für den Kampf gegen die Uhr, genausowenig wie Wundermittel für Bergwertungen der ersten und zweiten Kategorie existierten.

Richard wollte dennoch mehr darüber wissen. Jener Festina-Fah-

* Walter Godefroot, Sportlicher Leiter beim Team Telekom, dessen Wiege in Flandern stand, über Bölts: »Die Bölts is so stärk, die geht niemals kapütt.«

rer, der auch Doktor Ferrari konsultierte, verriet ihm den Fachmann: Marcello Torrontegui. Abends sprach Richard, sehr zögernd, auf der Massagebank mit mir darüber. Ich warnte ihn, denn dank seiner regelmäßigen Einnahme von EPO und Wachstumshormonen wäre er ohnehin topfit – auf die Minute genau. Es bedürfe lediglich noch der Injektion einer Kampferlösung mit Coffein – zur Öffnung der Bronchien. Was wir anderntags auch machten. Da wir zudem die Rezeptur dieser sogenannten Spezialampulle für das Zeitfahren nicht kannten, konnte nicht ausgeschlossen werden, daß der Mix auf den pharmazeutisch konditionierten Organismus nachteilig wirkte. Selbst wenn man sich selbst übertreffen oder auf Sieg fahren will, sollte man nicht blind irgendein Zeug ausprobieren.

Torrontegui betreute einen Cofidis-Fahrer, der verletzt war. Somit war Marcello abkömmlich. Trotz meiner geäußerten schweren Bedenken sprach Richard über diesen »Schnellmacher« auch mit Bruno Roussel, der sich überzeugen ließ. »Das gibt ihm mentale Stärke«, sagte er mir, wenngleich er meine Vorbehalte teilte. Wie auch immer: Ich wurde angewiesen, Torrontegui in dessen Hotel aufzusuchen und den Stoff abzuholen, wobei mir dann der Spanier die Wunderwirkung seiner Mixtur in höchsten Tönen anpries. Ich blieb mehr als skeptisch. Wieder zurück in unserem Quartier knallte ich Richard die Ampulle mit dem weißlichen Inhalt hin.

»Hier hast du deinen Quatsch.«

»Hör mal, Willy, du solltest das nicht persönlich nehmen!«

»Rammel dir den Quark doch selber rein! Ich will jedenfalls nichts mehr davon hören, okay?«

»Nun sei mal nicht so, Willy, und mach das morgen, ja?«

Ich gab nach, weil ich meine eigene Idee hatte. Mit Virenque hatte ich vereinbart, daß ich das Zeug eine Stunde vor dem Start in dessen Gesäß spritzen würde.

Natürlich habe ich dann auch noch mit Rijckaert über die ganze Geschichte gesprochen, der bestürzt meinte: »Laß die Finger davon, wer weiß, was da drin ist!«

Richard jedenfalls bekam seine Injektion, und er fuhr an jenem Tag wie der Teufel, wobei er die zweitbeste Zeit hinter Ullrich erzielte. Nachdem ihn Jan eingeholt hatte, lieferte er sich mit ihm auf den letzten Kilometern ein packendes, unvergeßliches Duell.

»Ich fühlte mich super! Das Ding hat es in sich!«, jubelte er abends. »Wir sollten es unbedingt auch künftig einsetzen.«

Die Super-Vorstellung, die Richard auf dieser zwölften Tour-Etappe bot, hatte sicherlich nur bedingt etwas mit der Wunderampulle von Torrontegui zu tun. Denn die hatte ich vernichtet und meinem Schützling statt dessen drei Milliliter Glukose injiziert. Die mentale Befindlichkeit ist entscheidend. Bei Richard kommt hinzu, daß für ihn die Anfeuerungsrufe seiner Fans entlang der Strecke Grund sind, auch noch das letzte aus sich herauszuholen und Schmerzen zu vergessen. Bravorufe als Extra-Doping gewissermaßen.

Nun möchte ich zu einer schier unglaublichen Geschichte kommen. Ende März 1998, einige Wochen nach seinem Sieg beim Internationalen Kriterium, wurde Christophe Moreau positiv getestet. Gefunden wurden bei ihm Spuren von Mesterolon, das zur Gruppe der Anabolika gehört. Das war nun wirklich ein Hammer! Im Gegensatz zum Nandrolon etwa, das rund acht Tage nach Einnahme bei Kontrollen nicht mehr nachweisbar ist, weiß jeder in unserer Zunft, daß Mesterolon noch mindestens sechs Monate nach Verabreichung im Urin analytisch festgestellt werden kann. Wir standen vor einem Rätsel.

Natürlich habe ich den Fahrer dazu befragt, um mehr zu der Sache in Erfahrung zu bringen, denn ich fühlte mich ihm und der

Mannschaft gegenüber schuldig. Er versicherte mir, nichts genommen zu haben. Unstrittig war allerdings, daß er am Vortag des Rennens von einem anderen Pfleger der Mannschaft eine Injektion bekommen hatte ... Das war nicht der erste Ausrutscher dieses Pflegers. Wie in solchen Fällen üblich, wollte er von nichts wissen. Es stand seine Aussage gegen die Aussage von Moreau. Christophe hatte öffentlich erklärt, daß er ein Opfer war. Ohne die Tatsachen zu leugnen, ging der Fahrer aus dem Département Franche-Comté so weit, diese Injektion mit einer Blutübertragung zu vergleichen, durch die er von Aids hätte angesteckt werden können. Ich habe nichts gegen Christophe Moreau, ein netter Kerl. Das Verrückte an der Geschichte ist, daß er drei Monate später zur Tour de France hat starten können. Und die Sportverbände behaupten, sie würden ernsthaft das Doping bekämpfen! Im Juli gestand Moreau vor den Polizisten aus Lille, daß er EPO eingenommen hatte. Die Strafen wurden »zusammengefaßt«.

Der Zwang, sich die neuesten Errungenschaften im Doping zu verschaffen, wurde eine fixe Idee. Hinter vorgehaltener Hand kursierten Gerüchte über neue Hormonpräparate, teilweise die verrücktesten. Die Fahrer wollten nichts sehnlicher, als die neuen Dopingmittel zu testen. Ab 1996 hielt das IGF-1 innerhalb der Mannschaft seinen Einzug. IGF, die Abkürzung für Insuline Growth Factor, ist eine Art Wachstumshormon mit noch schnelleren und spektakulären Effekten. Schwer für mich, etwas mehr dazu zu sagen, denn ich bin kein Chemiker, aber das IGF-1 war jedenfalls in aller Munde.

Wir haben es kurz vor den Weltmeisterschaften 1996 in Lugano an drei Freiwilligen ausprobiert: Laurent Dufaux, Pascal Hervé und Laurent Brochard. Das IGF-1 gab es in zwei Ampullen, die eine enthielt ein Pulver, die andere eine transparente Flüssigkeit. Die Mischung reichte für etwa zehn Injektionen (subkutan, Arm oder Bauch) oder intramuskulär (Gesäß). Dieses sehr teure Präparat war auch sehr empfindlich. Nach der Verabreichung mußte es weiterhin stark gekühlt gelagert werden, und wir bewahrten es in der Kühltruhe des Mannschaftsfahrzeuges auf.

Fernando Jimenez, der spanische Mannschaftsarzt, hatte das IGF-1 in das Team eingeführt. Deshalb taucht es auch nicht in meinen Kalendern auf. Er benutzte es vor allem bei den spanischen oder italienischen Rundfahrten, wobei weder Rijckaert noch ich in Erscheinung traten. Jimenez verabreichte es als Kur über 6 oder 7 Tage, generell in der zweiten Woche einer Rundfahrt, um den Organismus anzukurbeln.

IGF-1 wirkte verschieden auf die drei Versuchskaninchen. Laurent Brochard hatte sich »blockiert« gefühlt, Laurent Dufaux hatte nichts Außergewöhnliches empfunden. Pascal Hervé hingegen war begeistert. Auf Grund dieses uneinheitlichen Bildes wurde das IGF-1 nur sporadisch verabreicht. Sein Nutzen war längst noch nicht gesichert. Richard Virenque hat es dann zusammen mit Dufaux anläßlich der Tour de Romandie 1997 nochmals getestet, jedoch ohne Erfolg. Auch bei Didier Rous sah das Ergebnis bei der Baskenland-Rundfahrt 1998 nicht anders aus, so daß wir schließlich auf das IGF-1 verzichteten.

Als Dopingmittel nur zur mentalen Unterstützung dienten, und nicht umgekehrt, waren Fälle wie der des Dänen Lars Michaelsen nicht selten. Er war ein Perfektionist durch und durch, noch dazu leidensfähig und unnachgiebig gegenüber anderen, aber in erster Linie sich selbst gegenüber. Kurz, ein großer Profi, der so gut wie nichts dem Zufall überließ. Er benutzte EPO sparsam dosiert – er war buchstäblich ein Schotte. Lieber fuhr er mit dem Kopf. Michaelsen hatte wohl verstanden, daß er dem organisierten Dopingsystem nicht entrinnen konnte, aber seine Vorbereitung war hauptsächlich mentaler Natur.

Er konzentrierte alle seine Kräfte auf »sein« Gent – Wevelgem, neben Paris–Tours eines der wenigen Klassiker, der mit einem Massensprint enden konnte. Bei dieser Perspektive hatte er – vom Kopf her – akzeptiert, EPO zu nehmen sowie Soludecadron, ein bekanntes Corticoid und der (pharmazeutische) Renner vor Eintagesrennen überhaupt. In der »Ewigen Siegerliste« steht vermerkt, daß Lars Michaelsen an jenem Tag das packende Finale hauchdünn vor Maurizio Fondriest gewann. Doch dieser Skandinavier war ein kühler Rechner und wußte genau, was er tat.

Nicht alle Fahrer brachten eine derartig eiserne Disziplin wie Michaelsen auf. Ich denke besonders an den charmanten Schweizer Bruno Boscardin. Immer höflich, immer ausgeglichen. Ein Fahrertyp, der fast ausstirbt. Am Morgen des Rennens Het Volk 1997 wollte er – wie jeden Morgen auch – eine Gelantinekapsel mit Vitamin E schlucken, die seine energetische Kur ergänzte. Der Haken: Er erwischte aus Versehen eine Kapsel mit dem Schlafmittel Normison, die ganz ähnlich aussah.

Der arme Bruno verschlief zwar nicht den Start, aber die 300 Milligramm Coffein, die er auf die Schnelle einnahm, machten ihn auch nicht mehr munter. Müde fuhr er das Rennen zu Ende, das er sicherlich zum Einschlafen fand.

XI. Kapitel

Schneeweißes Kokain und der Persilschein …

Als ich am 24. Juli nach Loos zurückkam, wußten schon alle Insassen Bescheid. In der Halle empfing mich ein Gefängniswärter mit den Worten: »Willy, du mußt noch oben aufräumen: Decken falten, Eßbesteck säubern und um vierzehn Uhr alles zurückgeben. Die Anstalt darfst du aber erst um sechzehn Uhr verlassen.«

Ich mußte noch dreieinhalb Stunden totschlagen. Sie erschienen mir unendlich lang. Serge jedenfalls freute sich für mich: »Bald hast du es geschafft! Du läßt doch von dir hören, oder? Das wäre das erstemal, daß uns ein Gefangener schreibt!« Eine Woche später bekam er eine Ansichtskarte aus Veynes.

Wie bei einem Auszug aus einer Ferienwohnung, bevor man den Schlüssel zurückgibt, habe ich die paar Quadratmeter gründlich saubergemacht. Ich zitterte vor Ungeduld. Um 14.45 Uhr fiel die Zellentür hinter mir ins Schloß. Ein letzter Blick auf die Nummer »237«, und ich ging hinunter zur Aufbewahrungsstelle im Erdgeschoß. »Du kannst die persönlichen Sachen, die man dir hier gegeben hat, mit nach Hause nehmen.« Nein, danke, das könnt ihr behalten. Ich wußte, daß das Zeug für mich immer nach schmutziger Wäsche riechen würde, selbst nach dem Waschen und Bügeln.

Meine beiden Anwälte warteten auf mich. Sie kamen, so glaube ich, gut miteinander aus, aber Ludo, wie ich Ludovic Baron nannte, dessen Hilfe ich geschätzt hatte, spürte, daß die Sache ihm zugunsten des erfahreneren Kollegen entglitt. Dr. Bessis forderte bereits eine Unterbrechung der Tour de France und eine Ausweitung der Ermittlungen. Er sagte, ich sei nur bedingt verantwortlich, und brachte nochmals zum Ausdruck, ein überzeugter Gegner des Dopings zu sein. Um 16 Uhr war ich endlich frei. Allerdings noch nicht ganz. Eine Traube von Journalisten mit Mikrofonen und Kameras versperrte mir die Sicht. Wir flüchteten in den Twingo von Ludo, um zu seiner Wohnung nach Lille zu fahren, wo Sylvie und meine Schwiegereltern auf mich warteten, ein Champagnerglas in der Hand. Ludo hatte alles gut organisiert. Ich habe ihn seitdem nie mehr wiedergesehen. Ihn wie viele andere auch, die nur noch Erinnerungen eines Mannes sind, der sich zu neuen Ufern aufmachte.

Richard Virenque war es, der mir vorgeschlagen hatte, für die französische Nationalmannschaft bei der Weltmeisterschaft 1994 tätig zu sein. Schon während der Tour hatte er davon gesprochen. Und die Angelegenheit kam schnell zum Abschluß.

Die Verbandsführung hatte keine Schwierigkeiten gemacht, da vier Festina-Fahrer im WM-Aufgebot standen (Leblanc, Virenque, Lino, Hervé). Ich war sehr froh, daß man mich berücksichtigte und meine Kompetenz auf höchster Ebene anerkannte, und das immerhin in einem Land, das nicht meine Heimat ist. In Belgien war mir diese Ehre nur einmal zuteil geworden, 1982 in Goodwood, aber ich hatte auch einen Vertrag mit der irischen Mannschaft, 1980 in Sallanches und 1983 in Altenrhein.

Dieses Mal gehörte ich zu den fünf Pflegern, die von der französischen Mannschaft angestellt worden waren, und zwar für einen Zeitraum von vier Saisons. Ich hatte allen Grund, mich zweimal riesig zu freuen: Luc Leblanc und Laurent Brochard holten den WM-Titel. Es waren starke emotionale Augenblicke – ohne Lizenz. Erst 1997 forderte mich Charly Mottet auf Bitten von Patrick Cluzaud, dem Technischen Leiter, auf, eine französische Lizenz zu erwerben. Cluzaud hatte sogar diese Bedingung gegenüber Virenque geäußert, welcher ihm antwortete: »Wenn Willy nicht dabei ist, braucht ihr auch mit mir nicht zu rechnen.«

Ein Champion erlebt immer ein besonders markantes Jahr in seiner Laufbahn. Für Luc Leblanc war das unbestritten 1994. Zuerst gewann er eine Tour-Etappe beim Aufstieg nach Hautacam vor Miguel Indurain, selbst wenn der »Große« ihm die Aufgabe an jenem Tag nicht allzu schwergemacht hatte. Und dann siegte er bei der Weltmeisterschaft, vierzehn Jahre nach Hinault, in Agrigente. Ich erinnere mich daran, als wäre es erst gestern gewesen.

Nach Ende der Tour, bei der er Vierter wurde, spürte man, daß »Lucho« andere Rennstall-Luft schnuppern wollte. Die Mannschaft Groupement unter Jean Godzich hatte ihm ein Angebot gemacht, aber Luc zögerte noch. Zwar wagte er nicht, darüber zu sprechen, aber er telefonierte oft mit Patrick Valcke, dem späteren Sportlichen Leiter dieser Equipe, und mit Guy Mollet, dem Manager. Zwei Schritte vor, einen zurück, bis zur Tour du Limousin Mitte August. Am ersten Abend, als ich einen Fahrer massierte, kam Luc in mein Zimmer. »Jungs, es ist alles okay, ich habe soeben mit Bruno Roussel gesprochen, ich bleibe in der nächsten Saison bei euch.« Dann fügte er in eher gleichgültigem Ton hinzu: »Nun gut, heute abend muß ich dennoch meinen Agenten besuchen, jedoch nur der Form halber. In meinem Kopf ist alles entschieden.«

Er kam gegen 23 Uhr zurück.

»Na Lucho, ist alles gut verlaufen?«

»Naja, ich gehe nun doch zum Rennstall Groupement.«

Man kann sich die Stimmung beim Frühstück anderntags unschwer vorstellen. Luc war umgefallen. Selbst Bruno Roussel machte aus seiner Enttäuschung keinen Hehl. Er konnte diesen plötzlichen Sinneswandel nicht verstehen, und dadurch hatte Luc es ein paar Tage später auf Sizilien nicht gerade leicht.

Die Bitterkeit war bis dahin nicht verflogen. Roussel brachte ihn auf eigene Kosten in einem anderen Hotel unter und verbot mir, mich um Leblanc zu kümmern, weil er uns verraten hatte. Ich konnte meinen Chef gut verstehen, aber ich mochte auch »Lucho« und steckte ihm alles. Luc kochte fast über vor Wut, drohte sogar einen Skandal zu machen und an die Presse zu gehen. Ich wollte vor allem kein Aufsehen, weswegen ich beschloß, Leblanc, ohne Wissen von Roussel, zu pflegen. Was für eine heikle Situation!

Man muß sagen, daß die Leute vom Verband sich die Dinge recht einfach machten. Jeder Pfleger sollte für die Fahrer, die er betreute, das Zubehör wie Trinkflaschen, Kappen, Verpflegung und das nötige Etwas mitbringen. Und Mannschaftsarzt Gérard Porte erkundigte sich, welche »Präparation« wir den Fahrern zu verabreichen gedächten … Das alles war nicht sonderlich seriös.

Die Rivalität zwischen Leblanc und Virenque entstand nicht nur auf den Rennstrecken, sondern auch in den Medien. Bei der Tour 94 war Leblanc Virenque überlegen gewesen, und der hatte es nicht gern gesehen, in seiner eigenen Mannschaft die Rolle des Stars einem anderen überlassen zu müssen. Die Spannungen zwischen den beiden wurden immer schlimmer, obwohl Luc kurz davor stand, zu wechseln. Bei Tisch machten beide oft spitze Bemerkungen. All das war nicht schlimm, dennoch aufschlußreich. Und ausgerechnet beide Fahrer mußten in der Schlußphase des WM-Rennens aufeinandertreffen!

Bei der letzten Verpflegung mit Wasser, zwei Runden vor Schluß, war Richard selbstsicher. Bevor er die Trinkflasche faßte, hielt er zwei Finger unter die Nasenlöcher, um anzudeuten: Hier gewinne ich. Tatsächlich schien er stärker als Luc zu sein, physisch und mental stand er im Zenit. Allen Fahrern wurde am Donnerstag, drei Tage vor dem Rennen, EPO injiziert. Virenque erreichte einen Hämatokritwert von 52 Prozent. Und wie seine drei anderen Festina-Kollegen hatte auch er Anspruch auf eine intramuskuläre Injektion von zehn Milligramm Diprosten (ein Corticoid) am Vortag des Rennens, sodann auf zwanzig Milligramm morgens vor dem Start. Das ganze ohne Wissen der französischen Führungsriege.

Ja, Richard fuhr stark, aber Luc hatte ihn geblufft, wie Richard mir später erzählte. Kurz vor der Schlußrunde hatte Richard »Lucho« anvertraut, daß er attackieren werde, um die »Gegner um eine Minute abzuhängen«. Armer Richard! Eine Minute später griff Leblanc an. Richard war überlistet worden. Und eine halbe Stunde später, mit Bronze um den Hals, hatte er begriffen, wie hauchdünn er an jenem Tag die Goldmedaille verpaßt hatte. Im Radsport – gleich, ob beim Tempobolzen oder beim Bummeln – muß man es renntaktisch verstehen, »den toten Mann zu markieren« (Anm.: einen Schwächeeinbruch vortäuschen; mitunter »verstecken« sich auch die Fahrer.). Richard konnte das nie.

Abends feierten wir trotzdem ausgiebig. Man bedenke nur einmal – ein Regenbogentrikot und, um das Ganze abzurunden, ein dritter Platz, ein Treppchen zu zwei Dritteln in den Farben der Tricolore. Alle versammelten sich in einem Hotelzimmer: Fahrer, Betreuer, Bernard Thévenet, der Nationalcoach, und Patrick Cluzaud, der Technische Leiter. Die meisten Teilnehmer injizierten eine kleine Dosis vom *Pot belge*, um sich für die lange Nacht aufzuheizen und um sie vor allem durchzustehen. Luc Leblanc, der noch nie Amphetamine genommen hatte, wurde in dieser Nacht belgisch »getauft«.

Um vier Uhr morgens verließ ich die Gesellschaft. Ich mußte den Australier Stephen Hodge zum Flughafen bringen, bevor ich selbst heimwärts fuhr. Agrigente–Veynes am Stück, mehr als zwanzig Autostunden. Nach einer schlaflosen Nacht wollte ich nicht am Steuer einschlafen: eine Injektion Amphetamine alle vier Stunden.

Genauso unvergeßlich war für mich – ein Jahr später – Kolumbien, das Land des Lächelns, der Gastfreundschaft und des Kokains.

Eine riesige Expedition, ja eine Strapaze, stand uns bevor. Man denke nur einmal an die Überseekoffer, die Flugdauer und die Zeitverschiebung. Vom Festina-Clan waren Virenque, Brochard, Hervé und Robin dabei. Bei dem dreiwöchigen Höhentraining konnten wir ruhigen Gewissens auf das blutbildende EPO verzichten, aber nicht auf Corticoide. Analog dem sizilianischen Erfolgsrezept sollten sie am Vortag und unmittelbar vor dem Start verabreicht werden. Einige Tage vor der WM wurde ein Masseur aus unserer Mannschaft von einem Arzt gebeten, ihm einige Ampullen Kenacort zu besorgen. Der Masseur trat an mich heran. Ich fragte wiederum Eric Rijckaert, der mich abblitzen ließ: »Sollen die sich doch selbst um ihren Mist kümmern.« Jener Mediziner war Armand Mégret, der damals die Amateur-Mannschaft (!) von Frankreich betreute. Heute ist er für die medizinische Langzeitbetreuung beim Französischen Radsportverband zuständig.

Richard war durch seine unglückliche sizilianische WM-Erfahrung gestreßt in Kolumbien angekommen. Das Terrain mit starken Steigungen war für ihn wie geschaffen, dennoch konnte er seine Nervosität nicht ablegen. Er hatte beschlossen, Karbon-Laufräder zu montieren, die er sich vom frischgebackenen Amateur-Straßenweltmeister, dem Holländer Danny Nelissen, auslieh. Dennoch wurde Richard nur Sechster, nachdem er einer Ausreißergruppe ständig hinterhergefahren war, und Mavic – unser Sponsor – kehrte uns wenig später demonstrativ den Rücken.

Der Rückflug war für 4 Uhr früh vorgesehen. Ablenkung zur Überbrückung der Wartezeit war angesagt. Nach dem Diner verabredete sich deshalb das Gros der Delegation in einem der Bungalows der Mannschaft, um den Abstand kolumbianisch ausklingen zu lassen. Ein Kolumbianer, eigens für das Wohl der französischen Equipe abgestellt, hatte einem unserer Betreuer einen Block Kokain pur besorgt – zum Freundschaftspreis von umgerechnet 400 Francs. Das war fast geschenkt. Der Stoff wurde mit einer Rasierklinge bearbeitet und das Pulver auf einer Glasplatte in zwei Reihen aufgeteilt, eine für jedes Nasenloch. Es war wie im Krimi. Mit einer Dollarnote konnte jeder einmal schnupfen. Wir waren ausnahmslos high. Zwei Stunden später ließ indes die Euphorie nach. Die Kokainreste verschwanden in der Toilette, und das Erbrochene gleich mit.

Um das Spiel hinter den Kulissen zu verstehen, muß man nicht unbedingt Kokain schnupfen. Es genügt bisweilen, sich den Rennverlauf aus nüchterner Distanz nochmals vor Augen zu führen – wie beispielsweise den der Weltmeisterschaft in San Sebastian im Oktober 1997. Zehn Tage nach dem Sieg von Brochard klingelte bei mir das Telefon. Patrick Cluzaud, der Nationale Technische Direktor, wollte mich sprechen. Sylvie hatte ihm meine Handy-Nummer gegeben. Wenig später hatte ich Charly Mottet, den Nationalcoach, auf der Autoroute du sud am Handy.

»Hallo, Willy, sag mal, was ist denn das wieder für eine Sauerei? Was habt ihr bloß bei der WM angestellt? Mir wurde Brochard positiv gemeldet.«

Um ein Haar wäre ich in die Leitplanke gedonnert. Ich hatte mich um die aufgebotenen Festina-Fahrer Brochard, Virenque und Hervé gekümmert, und da konnte eigentlich nichts angebrannt sein. Was wurde denn gefunden?

»Die haben Lidocain im Urin entdeckt.«

Ich kannte diesen Entzündungshemmer, führte ihn aber nicht in meiner Festina-Apotheke. Der Stoff konnte also nicht von mir stammen, oder es mußte ein Irrtum vorliegen. Ich konnte Charly aber keine plausible Erklärung geben. Um mir selbst Klarheit zu verschaffen, bin ich direkt nach Meyzieu zum Festina-Renndienst gefahren. Unterwegs suchte ich nach einer Erklärung. Eine Ahnung hatte ich bereits. Gewöhnlich wurde Brochard von einem anderen Pfleger der Mannschaft betreut. Mir war bekannt, daß dieser Kollege seinen Schützlingen schon mal bestimmte Präparate überließ, wenn er beim Rennen nicht selbst vor Ort war. Dann sah man Brochard immer mit einem kleinen Koffer. Besagter Pfleger war privat zur WM nach San Sebastian gefahren, einen Betreuungsauftrag hatte er nicht. Es ist ein Phänomen, daß Pfleger von sich aus bei nationalen und Weltmeisterschaften vor den Mannschaftshotels herumschleichen. Zwar ist das dem französischen Verband ein Dorn im Auge, aber er verbietet dieses Treiben nicht ausdrücklich.

Als ich in Meyzieu die Apotheke meines Kollegen inspizierte, entdeckte ich Inzitan, das spanische Pendant zu »unseren« altbewährten Corticoiden wie etwa Soludecadron. Beim Überfliegen des Beipackzettels gab es für mich keinen Zweifel mehr. Das Präparat enthielt sehr wohl Lidocain. Und dieser Stoff war schuld an dem Desaster! Es war zum Heulen! Ich rief sofort Bruno Roussel an – gegen den Willen von Charly, der sich unmittelbar vor der WM mit meinem Sportlichen Leiter angelegt hatte. Mottet duldete im Hotel nur die offiziellen Mitglieder der französischen Nationalmannschaft. Bruno fiel aus allen Wolken. Wir beendeten das Telefonat. Nach einer Weile war er wieder am Handy. Wir müßten, sagte er, innerhalb von drei Tagen ein ärztliches Attest herbeizaubern, um zu begründen, daß das Mittel aus therapeutischen Gründen genommen werden durfte, wie es der Radsport-Weltverband in gewissen Fällen zuläßt. Ich weiß nicht, mit wem Bruno zwischenzeitlich gesprochen hatte.

Normalerweise hätte ein solches Zertifikat bei der Dopingkontrolle vorgelegt werden müssen, aber anscheinend war es der UCI ziemlich schnuppe, ob es vor der Weltmeisterschaft oder nachträglich ausgestellt worden war. Entscheidend war, daß man sein Gesicht wahrte. Und das tat man. Laurent Brochard litt seit langem unter Rückenbeschwerden, einem Bandscheibenvorfall, den er nicht operieren lassen wollte, weil ihm eine Hydrotherapie lieber war. Ein unerwarteter Glücksfall ohnegleichen! Ich habe also Bruno vorgeschlagen, ein zurückdatiertes Zertifikat zu präsentieren, das Fernando Jimenez, der spanische Festina-Mannschaftsarzt, ausfertigen sollte. Der Persilschein wurde vorbehaltlos von der UCI akzeptiert. Diese Prozedur verstößt dem Wesen nach gegen die Ethik – gibt es sie? – und das UCI-Regelwerk. Deren Präsident behauptet, das Doping schonungslos zu bekämpfen, hat aber selbst in seinem Lausanner Hauptquartier eine um so lästigere Affaire unter den Teppich gekehrt, da die Weltmeisterschaft unter seiner Schirmherrschaft ausgerichtet wurde. In meinen Augen hat der Präsident nur eine Wahl: den Rücktritt.

Brochard sollte man indes nicht kritisieren und schon gar nicht sein Regenbogen-Trikot beschmutzen. Wenn die Fahrer mit gleichen Waffen antreten, ist der Sieger tatsächlich der beste. In San Sebastian hatten Brochard, Virenque und Hervé dieselbe »Präparation« gehabt. Sieben Monate nach Einführung der 50-Prozent-Grenze durfte man diese Vorschrift nicht auf die leichte Schulter nehmen: Die drei Festina-Fahrer hatten einen Hämatokritwert von rund 49 Prozent. Der Medikationsplan sah drei Injektionen von je zwei Einheiten Wachstumshormonen in der Woche vor der WM vor, des weiteren wurden die branchenüblichen Corticoide verabreicht: 10 Milligramm Diprosten am Freitag und 20 Milligramm eine Stunde vor dem sonntäglichen Start. An sich nichts Außergewöhnliches.

Die Siegesfeier stand indes unter ganz anderen Dosierungen. Nach einem reichlich begossenen Diner in unserem Hotel in Hendaye gingen wir in ein Nachtlokal in Biarritz, wo wir unseren Weltmeister bis 8 Uhr morgens feierten! Eine solche Nacht verlangt gewisse Dispositionen. Bevor wir »die Sau herausließen«, haben die meisten von uns zur Hausmarke, dem *Pot belge*, gegriffen. Bei der Feier haben Virenque und Hervé ständig wiederholt, sie könnten nicht in zwei Tagen bei Mailand–Turin teilnehmen, weil sie dann noch positiv seien. Brochard feierte nicht so richtig mit, weil er sich mit einem Obdachlosen beschäftigte, der ihm frühmorgens in der Bar nebenan von seinen jahrelangen Problemen erzählte. Das läßt einen dann entspannter wirken, wenn man für die 13-Uhr-Nachrichten-Sendung vor den Fernsehkameras von *France 2* sitzt. Eine Stunde vor dem Abflug kam unser Mann mit dem Regenbogentrikot zurück.

XII. Kapitel

»Leader? Nein, nein, ich bin kein Dealer!«

Wenige Stunden nach meiner Entlassung aus dem Gefängnis verließ ich endgültig Loos, die Region von Lille und somit auch Nordfrankreich. Hinter mir lagen sechzehn Tage in U-Haft. Sylvie saß am Steuer. Sie fuhr nach Auxerre, zu ihrem Bruder Patrick, der uns höflich, aber nicht überschwenglich empfing. Er hatte ein einfaches Mittagessen zubereitet, und wir führten Allerweltsgespräche. Seine Wohnung war schlicht eingerichtet. Ich fühlte mich sofort wohl. Das hier war meine Welt.

Am Sonntag morgen mußten wir wieder abreisen, um die Familie Caritoux in Flassan, am Fuße des Mont-Ventoux, zu besuchen. Unsere Kinder hatten bei ihr Unterschlupf gefunden. Seit der Festina-Affaire hatten nämlich die Polizisten aus Lille Sylvie geraten, die Kinder in Sicherheit zu bringen. Man weiß ja nie ... Sylvie hatte übrigens Drohanrufe bekommen. Sie mußte Vorsicht walten lassen. Und Charlotte und Mathieu konnten nicht besser aufgehoben sein als bei den Caritoux. Wir kamen am frühen Nachmittag dort an. Alle warteten schon auf uns. Nur Eric war unterwegs, um sich die Tour anzuschauen. Ich hatte Tränen in den Augen, Stück für Stück rekonstruierte ich meinen Alltag, mein Leben zuvor, meinen Lebensinhalt. Ich wollte gar nicht mehr weg von hier.

Ich kann nicht schwimmen, aber ich verbrachte den ganzen

Nachmittag im Freibad und amüsierte mich nach Herzenslust. Einmal verlor ich sogar den Boden unter den Füßen, schluckte Wasser, aber mir konnte nichts mehr zustoßen. Ich achtete auf die kleinsten Gesten meiner Umgebung, die ich bislang nicht wahrgenommen hatte. Zweihundert Tage im Jahr, ohne meine Familie zu sehen; zweihundert Tage auf der Überholspur, ohne zu leben. Ich mußte erst einmal gegen eine Wand fahren, gegen eine Gefängnismauer rennen, um zur Besinnung zu kommen, Meine Kinder hatte ich nicht aufwachsen sehen, und jetzt sah ich sie toben und lachen. Sie haben sogar Kim, der kleinen Tochter der Caritoux, bei ihren ersten Gehversuchen geholfen. Wer weiß, vielleicht war dieser Julisonntag der schönste Tag meines Lebens. Ich danke euch, Eric und Nathalie.

Noch anderthalb Autostunden Fahrt bis zu meiner Wohnung. Wir kamen spätabends an, mein Gemütszustand war ausgeglichen, mein Herz ruhig. Ich war vor 22 Tagen das letztemal hier gewesen, genauso lange rollt die Tour ... Eine merkwürdige Tour, die mich bald wieder einfing.

Ein Reporter von *France 2* hatte seine Visitenkarte unter meine Wohnungstür geschoben. Er wollte mich so bald wie möglich treffen. Anderntags, als ich Brot holte, lief ich einem italienischen Journalisten in die Arme, der mich unten am Haus wegen eines Interviews abpaßte. Doch ich wollte nur mein Baguette kaufen und nichts weiter! Als ich von der Bäckerei zurückkam, war der Italiener nicht mehr allein. Ein Kollege von *France 2* war samt Kameramann und Tontechniker gekommen. Sie sahen schließlich ein, daß ich mich erst erholen mußte, und ließen mich in Ruhe. Ruhe, was heißt das schon? In der Wohnung klingelte pausenlos das Telefon. Interviewwünsche, Hintergrundgespräche, Exklusiv-Berichte. Termine und Uhrzeit sollte ich selbst bestimmen. Ich wurde dessen rasch überdrüssig und zog mit meiner kleinen Familie zu den Schwiegereltern nach Veynes.

Die Tour de France 98 hatte mich am Straßenrand abgesetzt, ich wurde aus dem Verkehr gezogen. Doch das Fernsehen fing mich wieder ein. Es war einfach stärker als ich. Ich setzte mich vor den Bildschirm und sah mir das Spektakel an, das zu einer Tour de Farce geriet. Ausgerechnet in Saint-Jorioz, am reinen See von Annecy, stoppte das Feld ein erstes Mal. Die Fahrer streikten nach vorausgegangenem Bummeltempo. Sie hockten sich auf den Asphalt, rissen ihre Startnummern vom Trikot. Bjarne Riis und Jean-Marie Leblanc waren um Schadensbegrenzung bemüht. Ich sah, wie Pantani Ullrich stehenließ, einen Ullrich, der mit hochrotem Kopf am Aufstieg zum Galibier sein Gelbes Trikot verteidigte. Der Deutsche büßte an jenem Nachmittag neun Minuten ein und verlor sein Gelbes Trikot. Während dieser Zeit fuhr Pantani am Aufstieg zur Madeleine noch relativ verhalten.

Der Mythos der Tour, der in 95 Jahren entstanden war, drohte innerhalb von ein paar Tagen ruiniert zu werden. Ich konnte das nicht mehr mitansehen, schaltete das Gerät ab und zog den Stecker von Fax und Telefon heraus. Funkstille. Die Fahrer hätten auch besser einpacken sollen.

Mitte August wurde es um meine Person stiller. Eine willkommene Gelegenheit, Radtouren wie einst in jungen Jahren zu unternehmen. Einmal erwachsen, fährt man am Anschlag, später bremst man eher. Mein Sohn und vier Freunde hatten eine fünftägige Tour akribisch vorbereitet. Alles war geplant: Etappenorte, Abfahrtszeiten und Streckenpläne. Ich brauchte ihnen nur im Fahrzeug zu folgen und war dabei für die Verpflegung zuständig. Für mich waren diese fünf Tage ein Jungbrunnen.

Auf der Königsetappe ging es den Espreaux-Paß hinauf. Die Tour de France hatte 1986 auch dorthin geführt, und Jean-François Bernard war der damalige Sieger in Gap gewesen. Es waren noch immer Fahrernamen auf dem Asphalt zu erkennen, welche die Fans gepinselt hatten. Meine Truppe fühlte sich auf dieser engen Straße wie auf einer Tourmalet- oder Alpe-d'Huez-Etappe. Am Ende des Aufstiegs hatte Rachid die Nase vorn.

Die Schlußetappe führte an einem Samstag bergab nach Furmeyer. Ich fuhr ihnen voraus, damit sie nicht allzusehr rasten. Ich hatte einige Längen Vorsprung, als sie abrupt hinter einer Kurve verschwanden. Fati, ein kleiner Tunesier, war auf dem Schotter ausgerutscht. Er trug keinen Helm und hatte am Kopf eine Platzwunde. Das Blut floß in Strömen. Ausgerechnet jetzt hatte ich kein Verbandsmaterial bei mir. Zum Glück verstehe ich etwas von Erster Hilfe. Während die Jungs von einem nahen Bauernhof den Rettungsdienst anriefen, habe ich die Wunde mit meinem T-Shirt notdürftig zugedrückt. Fati wollte schlafen, aber ich redete unaufhörlich auf ihn ein. Wenn sein Gehirn nicht wachgehalten worden wäre, hätte es sehr kritisch für ihn werden können. Als die Feuerwehr eintraf, hatte der Junge nur noch einen Blutdruck von 90. Es war wirklich fünf Minuten vor zwölf. Unseren Urlaub verschoben wir erst einmal. Ich wollte nicht abreisen, ohne die Gewißheit zu haben, daß es dem Kind im Krankenhaus in Gap besser ging. Danach war es zu spät, um noch ein Ferienquartier zu finden. Zum Glück bot uns ein Vetter von Sylvie seine schöne Villa mit Schwimmbad in Rochegude bei Bollène an. Er hatte seinen Urlaub in Spanien gebucht. Als Gegenleistung versorgten wir sein Haus

Ich hatte seit meiner Inhaftierung vierzehn Kilo abgenommen und Probleme mit den Nieren. Das komme vom Streß, meinte der Arzt. Diese zehn Tage waren ein Geschenk des Himmels. Zehn Tage, an denen ich in der Sonne faulenzte, am Schwimmbad Pastis trank, mit den Schwiegereltern Petanque und den Kindern Fußball spielte. Weder Journalisten noch Zeitungen, außer *L'Equipe*, die ich mir manchmal doch kaufte. Wenn einen das Sportfieber gepackt hat, ist sie hierzulande Pflichtlektüre. Ende August kehrten wir wieder nach Hause zurück. Faxe lagen keine vor, da ich das Gerät ausgestöpselt hatte. Post war auch nicht weiter da. Bis auf ein freundliches Schreiben eines lokalen Radiosenders, *Alpes-1*, der zu meinen Gunsten eine Unterschriftenaktion in der Region veranstalten wollte.

Bis September hatte ich nichts mehr von Festina gehört. Erst durch meinen Banker erfuhr ich, daß mein Gehalt noch immer nicht überwiesen worden war. Ich rief Joël Chabiron an, der mir versicherte, er werde alles Nötige veranlassen. Drei Tage später war noch immer kein Zahlungseingang feststellbar. Ich faßte bei Chabiron nach, der mir sagte, ich sollte Gines Gorriz, den Stellvertreter von Miguel Rodriguez, anrufen. Gorriz erklärte mir dann, ich sei deshalb nicht mehr bezahlt worden, weil ich Joël Chabiron bedroht hätte! Einen Einschreibebrief, mit der Kündigung meines Vertrages, hatten sie aber nicht losgeschickt.

Offensichtlich wollte mich Festina möglichst schnell und ohne Aufwand loswerden. Noch heute stehen fünf Monatsgehälter aus – trotz eingeleiteter rechtlicher Schritte. Und fünf Gehälter für einen Willy Voet dürften dem Zehntel eines Monatsgehaltes von Richard Virenque entsprechen. Als Richard vor seiner Unterschrift beim italienischen Rennstall Polti erklärte – er lag ausgestreckt neben seiner Frau am Swimmingpool –, er sei »ein Obdachloser des Radsports«, habe ich besser geschwiegen.

Jedes Jahr findet am ersten Samstag im September in Veynes eine Kirmes statt. Um keinen Preis der Welt wollte ich den Auto-Scooter, die Waffeln und die Karussells verpassen. Am späten Nachmittag, als ich auf dem Weg nach Hause war, stoppte ein Wagen auf meiner Höhe: »Sie sind doch Willy Voet, oder? Darf ich Sie bitte morgen besuchen?« Ich kann nicht nein sagen, das ist schon fast ein Sprachfehler, oder ich sage es einfach nicht laut genug.

Richard Virenque hatte mich im Juli bezichtigt, ein Dealer zu sein. Mein Anwalt Bessis verlangte unverzüglich von ihm, diese schwere, lügnerische Anschuldigung zurückzunehmen, aber Richard und Collard wollten davon nichts wissen. Mein Anwalt hatte sie gewarnt: Falls sie fortführen, falsche Dinge weiterhin über mich zu behaupten, könnte es passieren, »daß ich wahre Tatsachen über Richard erzählte«. Und das habe ich dann gegenüber diesem Schweizer Journalisten getan. Ich berichtete ihm, daß Richard ebensoviel wie die anderen Festina-Fahrer einnahm. Ich konnte nicht ahnen, daß diese Äußerung, die später in einem kleinen Schweizer Magazin veröffentlicht wurde, einen solchen Sturm auslösen würde, der sich durch eine auflagenstarke französische Tageszeitung – einige Tage später – in einen Orkan verwandelte. Es war der 23. September, ein Schlüsseldatum für mich. Ich war nach Paris gefahren, um mich vor einer Disziplinarkommission des Französischen Radsportverbandes zu verteidigen. Als ich mit meinem Anwalt zum Haus des Sports Richtung Porte de Gentilly ging, blieb ich verblüfft vor dem erstbesten Kiosk stehen. Mein Foto prangte auf der Titelseite des Blattes. Darunter war Virenque bei seinem Etappensieg in Courchevel bei der Tour 1997 abgebildet.

Vor den fünf Mitgliedern der Kommission sollte ich über meine Aktivitäten bei der Festina-Mannschaft aussagen. Ich, und nur ich allein. Roussel hatte die Zuständigkeit dieser Kommission angefochten, und die betroffenen Fahrer waren nicht geladen worden. Wie üblich sollte ich alles ausbaden. Mein Anwalt verlangte, daß die Entscheidung vertagt wurde. Nach einer kurzen Beratung war die Kommission bereit, ihren Urteilsspruch um zwei Monate zu verschieben. Ich war umsonst nach Paris angereist, hatte aber wenigstens meinen Kopf in der Zeitung gesehen.

Über meinen Fall wurde unvermindert gesprochen. Ich war der einzige, der die Spitze des Eisberges freigelegt hatte. Mit Lippenbekenntnissen und Moralpredigten allein ist es nicht getan. Ich war des allgemeinen Schweigens überdrüssig und akzeptierte, an Fernsehsendungen teilzunehmen. Bei *Canal Plus* traf ich im Flur den Nachrichtenredakteur Bruno Masure. Er bedachte mich mit ein paar aufmunternden Worten: »Nanu, ich kenne Sie doch. Ich habe Sie schon im Fernsehen gesehen ...« Dieser ganze Wirbel fand einen neuen Höhepunkt am 15. Oktober bei meiner Gegenüberstellung mit Richard Virenque und Eric Rijckaert. »Virenque beim Richter«: Die letzte Episode in der Serie brachte einen großen Medienerfolg, zumal Richard von seinem Anwalt, dem unnachahmlichen Gilbert Collard, begleitet wurde.

Die beiden Männer hatten ihren Starauftritt. In dieser Hinsicht waren sie ein gutes Duo. In der Ermittlungssache selbst konnte ihr aufschlußreiches Schweigen niemanden täuschen. Um 9.45 Uhr gaben sich alle ein Stelldichein vor der Tür des Untersuchungsrichters Keil. Rijckaert kam mit dem Lift, der eigens den Inhaftierten vorbehalten war. Er trug Handschellen, sah abgemagert und blaß aus. Drei Monate U-Haft – das hinterläßt Spuren. Unterdessen unterhielten sich Richard und Collard vergnügt am Ende des Flurs ...

Die Bühne war mir vertraut, nur die Rollenbesetzung war etwas anders. Wir saßen zu siebt vor dem Richter, von links nach rechts: Rijckaerts Anwalt Demarcq, daneben sein Mandant, dann Collard, Virenques Anwalt, und neben Richard mein Anwalt Bessis und ich sowie Karine Mignon, eine Assistentin von Bessis.

Der Richter eröffnete die Sitzung. Nahezu alle Fragen galten Virenque. Richard beharrte auf seinen Aussagen, er hätte sich nie gedopt. Die ihm von Rijckaert verabreichten Ampullen seien lediglich Regenerationspräparate gewesen; innerhalb der Festina-Mannschaft habe er nur von Doping gehört – und so weiter, und so fort.

Von meinem Platz konnte ich mit Fassungslosigkeit das Spielchen verfolgen, das der Verteidiger von Virenque trieb. Jean-Louis Bessis hatte mich diskret mit dem Ellbogen angestoßen. Bei jeder Frage des Richters hielt Collard seinem Mandanten Notizen hin. Richard brauchte nur alles nachzubeten. Unglaublich! Und wenn Schweigen geboten war, machte Collard einen Strich auf den Zettel. Das Gespann war wirklich eingespielt. Eine schon merkwürdige Stunde der Wahrheit.

Einen Monat später wurde es wirklich surrealistisch.

Der Richter: »Sie mußten dennoch im Bilde sein, weil Sie doch der Leader waren, oder?«

Richard Virenque: »Ich ein Dealer? Nein, nein, ich bin kein Dealer.«

Gilbert Collard: »Nein, Richard, der Richter sprach von *Leader*. Leader zu sein, ist kein Delikt...«

Allgemeine Heiterkeit im Saal. Das kam dabei heraus, wenn Richard spontan reagierte. Ein aufschlußreicher Versprecher. Aber dann wurde es nicht mehr so ulkig. Als der Richter Richard fragte, warum sein Name in meinem 98er Kalender vermerkt sei, antwortete er unverfroren: »Herr Voet hat diese Dosierungen vor meinen Namen gesetzt, um sie zu verkaufen!« Als ob ich mich seines Namens bedient hätte, um eine Dealertätigkeit zu verschleiern ...

Wutentbrannt legte ich los: »Schämst du gemeiner Lügner dich überhaupt nicht? Nach alledem, was ich für dich getan habe, wagst du so etwas zu behaupten? Mann, öffne doch die Augen, du läufst schnurstracks gegen eine Mauer. Sag doch die Wahrheit, alle werden erleichtert sein.«

Collard glaubte in diesem Moment einlenken zu müssen. »Herr Voet, jetzt reicht's aber. Sie haben kein Recht, meinen Mandanten zu beschimpfen.«

»Du kannst mich mal, du Clown!«

»Ich verbiete Ihnen, mich zu duzen«.

»Du kannst mich mal!«

Ich war zu weit gegangen, das gebe ich zu. Der Richter beruhigte mich.

Nach der Gegenüberstellung ließ uns der Richter der Reihe nach hinausgehen, um einen neuen Streit zu vereiteln. Vor seinem Büro habe ich auf Rijckaert gewartet. Als er herauskam, haben wir uns angesehen und sind uns in die Arme gefallen. Er hatte begriffen, daß er sich seit Wochen in einer Sackgasse befand, und hatte beschlossen, meine Aussagen zu bestätigen und Verantwortung zu übernehmen. Drei Tage später wurde er nach mehr als dreimonatiger U-Haft in Douai entlassen.

Am gleichen Abend gaben Richard und Collard eine Pressekonferenz. Schauplatz war die Flughafenhalle in Lille. Typisch Richard & Co. Und kurzerhand behauptete Virenque vor den Medien: »Rijckaert hat dem Untersuchungsrichter bestätigt, daß er den Festina-Fahrern, mich eingeschlossen, keine Dopingmittel verabreicht hat ...« Ja, das stimmte. Nur: Richard hatte das Ende der protokollierten Aussage verschwiegen: »... ohne daß die Fahrer davon wußten.«

Am 26. November fuhr ich erneut nach Paris zum Sitz des Französischen Radsportverbandes, um der fünfköpfigen Disziplinarkommission gegenüberzutreten, die über meine berufliche Zukunft entscheiden sollte. Die Presse hatte durchblicken lassen, daß die französischen

Festina-Fahrer, die die Tour 1998 bestritten hatten, auch zugegen sein würden. Schon deshalb war ich gekommen. Aber nun stand ich allein mit meinem Anwalt da. Ich mußte mir anhören, daß man über meinen Fall beraten würde und ich die Entscheidung in zehn Tagen per Post zugestellt erhielte.

Am 10. Dezember gegen elf Uhr klingelte Claude, unser Briefträger, an meiner Tür. Er brachte mir einen eingeschriebenen Brief mit Rückschein. Absender: Französischer Radsportverband. Ich war weiter nicht beunruhigt, nur etwas neugierig. Im stillen rechnete ich mit einer sechsmonatigen Sperre, einem Strafmaß, zu dem die Fahrer verurteilt wurden, die des Dopings überführt worden waren. Die beiden ersten Seiten gaben mir in meiner Annahme recht. Der Verband war auf die Argumentation meines Anwaltes eingegangen. Zwar hätte ich Dopingmittel transportiert, aber nur auf Anweisung meines Arbeitgebers. Ich las die dritte und letzte Seite mit dem entscheidenden Spruch: drei Jahre Berufsverbot …

Drei Jahre, weil ich EPO und Wachstumshormone, bislang nicht nachweisbare Substanzen, die zudem nicht einmal auf der UCI-Verbotsliste standen, als Kurier befördert hatte. Wenn ich die Behandlung der Fahrer analog auf meinen Fall übertrug, dann lag ebenfalls kein Verstoß gegen das Anti-Doping-Gesetz der UCI oder gegen das des französischen Verbandes vor, die einen Hämatokrit-Grenzwert von 50 Prozent zulassen! Drei Jahre – das bedeutete in meinem Alter soviel wie lebenslänglich. Drei Jahre, weil ich in erster Linie zuviel geredet hatte. Ich verstand die Welt nicht mehr.

Aus mir ist ein Hausmann geworden. Für mich, der mehr als zweihundert Tage jährlich unterwegs war, ist das eine völlig ungewohnte Situation. Ich stehe wie immer um halb sieben Uhr auf. Dann bereite ich das Frühstück für meine Frau und die Kinder, bevor ich Charlotte und Mathieu zur Schule bringe. Mathieu ist in der siebenten,

Charlotte in der vierten Klasse, und ich helfe ihnen in Englisch und Spanisch. Wieder daheim, baue ich das Bett, mache den Abwasch, wische und sauge Staub. Dann hänge ich die Wäsche auf. Nur bügeln kann ich (noch) nicht. Gegen halb elf führe ich unsere Hündin Roxane aus. Ein kleiner Umweg zum Zeitungskiosk, dann mein täglicher Besuch bei meinen Schwiegereltern. Ein kleiner Apéritif – da sage ich nicht nein.

Dann gehe ich nach Hause zurück, um das Mittagessen für Sylvie und die Kinder vorzubereiten. Und nehme meine Tabletten gegen zu hohen Blutdruck ein. Dann lese ich die Zeitung oder sehe fern. So verläuft mein Tag, sozusagen im Kreis. Ich schlafe ein wenig. Der Rest ist Langeweile. Zum Glück habe ich meine Familie. Allein wäre ich abgestürzt.

Frühjahrsklassiker

24. April 1999. Nach der Winterpause hat sich das Peloton schon wieder eingerollt. Das Karussell der Frühjahrsklassiker dreht sich mit neuem Schwung. Obwohl mein Anwalt sich unermüdlich für mich einsetzte und meine Disziplinarstrafe in der Berufung aufgehoben wurde, scheint bei mir die Zeit stehengeblieben zu sein. Und auch sonst hat er sich beim Richter Gehör verschafft. Untersuchungen werden eingeleitet. Gegen Richard Virenque, Roger Legeay und Daniel Baal. Der Wagen meines Anwaltes ist aufgebrochen worden. Ein Berufsrisiko, so könnte man meinen. Richard Virenque geht zudem in die Gegenoffensive: Sein Anwalt Collard macht »Schadensersatzansprüche über 100 000 Francs wegen der Behauptung geltend, sein Mandant hätte sich gedopt«. Unlängst habe ich nach bestandener theoretischer Führerscheinprüfung wieder grünes Licht zum Fahren. Wohl eher theoretisch, denn in der Praxis stehen für mich alle Ampeln noch immer auf rot.

Ich beobachte, wie unser Nachbarsohn Florent Traktor fährt. Eine Kuh hat gekalbt, und Florents Vater läßt sich einen schwarzen Bart wachsen. In der Wohnung ist es still, und ich denke an Gilles Delion, den Fahrer, dessen mit homöopathischen Mitteln vollgestopfter Koffer das Peloton erheiterte! Entschuldige, Gilles, daß ich auch mitgelacht habe.

Falls bei diesem Hase-und-Igel-Spiel sich nichts ändert, wird der Hase immer einen Schritt voraus sein. Fahrzeuge mit Kühlfächern, Wunderkoffer, alle diese kleinen Geheimnisse sind aufgedeckt worden. Doch andere Varianten sind schon im Spiel. »Neutrale« Wagen warten am Hotel auf die Fahrer. Campingfahrzeuge von Fans fahren offiziell und ungestraft durch die Gegend und transportieren im Kühlschrank Ampullen, die in Marmeladengläsern, Joghurts oder Mozzarella versteckt sind. Es werden zwar erste Fortschritte beim EPO-Nachweis-Verfahren vermeldet, aber die Junkies aus der Szene sind schon wieder einen Schritt weiter. Während meiner letzten Arbeitswochen bei Festina berichtete mir Rijckaert von seinen Forschungen. Er untersuchte die Wirkungen von Interleukin (IL-3) auf Sportler. Dieser Wirkstoff wird bei der Krebsbehandlung eingesetzt, eine Art Wachstumshormon, das auf bestimmte Muskelgewebe wirkt.

Man wird vielleicht nie mit letzter Sicherheit einen ursächlichen Zusammenhang zwischen Dopingmitteln und vermeintlichen Todesopfern nachweisen können, und auch umgekehrt. Ich gedenke aller Radsportler, deren Herz nicht mehr schlägt: des Spaniers Vicente Lopez-Carril, gestorben mit 37, des Belgiers Marc Demeyer, tot mit 32, und Geert van de Walle, der nur 24 Jahre alt wurde, des Holländers Bert Oosterbosch, 32, des Polen Joaquim Halupczok, 26, des Holländers Johannes Draaijer, 27, Paul Haghedooren, ehemaliger belgischer Champion, 38, der Holländerin Connie Meijer, 25. Ich denke besonders an diese Sportler, die ich persönlich kannte, aber auch an die Fahrer, die von einer Trainingsausfahrt nicht zurückkehrten. Das Rad der Branche dreht sich zwar unerbittlich weiter, doch wieviel Tote muß es noch geben, damit das Massaker aufhört?

Von Tour zu Tour – Eine Doping-Chronik

WÄHREND DER TOUR 1998

9. Juli: Willy Voet, Masseur des Festina-Teams, wird drei Tage vor dem Tour-Start an der französisch-belgischen Grenze vom Zoll gestoppt. In seinem offiziellen Tour-de-France-Auto finden die Beamten 250 Ampullen EPO und 150 Ampullen Anabolika.

16. Juli: Bruno Roussel, Teamchef von Festina, wird von der Tour ausgeschlossen und vorläufig festgenommen. Der Französische Radsportverband setzt eine Sonderkommission zur Untersuchung der Doping-Affaire ein.

17. Juli: Jean-Marie Leblanc, der Direktor der Tour de France, verkündet nach dem Geständnis von Roussel den Ausschluß der gesamten Festina-Mannschaft.

19. Juli: Erik Zabel, Sprinter vom Team Telekom, muß während der ersten zehn Tour-Etappen achtmal zur Dopingprobe. Er ist immer negativ.

21. Juli: Dr. Eric Rijckaert, Teamarzt von Festina, gesteht vor der Polizei ein kontrolliertes Doping ein, von dem alle beteiligten Fahrer gewußt hätten. Es hätte außerdem eine Schwarze Kasse für den Kauf der Präparate gegeben, die aus den Prämien der Fahrer gespeist wurde.

23. Juli: 23 Personen werden bis zum Ruhetag der Tour wegen

Doping-Mißbrauchs in Polizeigewahrsam oder Untersuchungshaft genommen.

24. Juli: Das Asics-Team gerät unter Verdacht. Der französische Fernsehsender *TV 2* berichtet, daß Reporter in den Mülltonnen des Hotels dieser italienischen Mannschaft leere Medikamentenschachteln und Spritzen gefunden hätten.

25. Juli: Laurent Jalabert, der Weltranglistenerste vom Once-Team, ruft zum Streik als Protest gegen die Berichterstattung in den Medien auf. Die 12. Etappe beginnt erst mit 82 Minuten Verspätung.

26. Juli: Alex Zülle und drei weitere Festina-Fahrer haben die jahrelange Einnahme von Dopingmitteln zugegeben.

28. Juli: Bei der Big-Mat-Mannschaft werden in einem Teamauto 100 Packungen mit Medikamenten sichergestellt. TVM-Fahrer werden vorübergehend festgenommen, aufs Polizeirevier gebracht und einer strengen Leibesvisitation unterzogen.

29. Juli: Bjarne Riis wird Fahrersprecher und rettet während eines erneuten Streiks als Vermittler die Tour. Die Mannschaften Once, Banesto, Riso Scotti, Vitalicio Seguros und Kelme verlassen jedoch das Rennen.

30. Juli: Rudolfo Massi, Träger des Bergtrikots vom Casino-Team, wird vorläufig festgenommen. Er gesteht die Weitergabe von EPO an andere Fahrer. In seinem Hotelzimmer werden Koffer mit Dopingmitteln wie Cortison sowie Geld in verschiedenen Währungen gefunden.

31. Juli: Jeroen Blijlevens, Etappensieger aus der niederländischen Equipe TVM, verläßt mit seinen Mannschaftskollegen die Tour, um sich den Befragungen durch die Polizei zu entziehen.

31. Juli: Nicolas Terrados, Arzt in der spanischen Once-Mannschaft, wird von der französischen Justiz vorläufig festgenommen. Gegen ihn wird ein Untersuchungsverfahren eröffnet.

2. August: In Paris geht die Tour de France 1998 zu Ende. Nur 96 von 190 Fahrern erreichen das Ziel.

NACH DER TOUR 1998

14. August: Sandro Donati, Direktor der Forschungsabteilung des NOK Italiens, bestätigt, daß in Italien 1997 1,35 Millionen Schachteln EPO im Wert von 105 Millionen DM verkauft wurden.

16. August: Francesco Casagrande, der Sieger des Weltcup-Rennens in San Sebastian, wird positiv mit Anabolika getestet. Er darf trotzdem beim Weltcup-Rennen in Hamburg starten. Sein Cofidis-Team droht ihm mit Entlassung.

19. August: Jürgen Kindervater, Kommunikationschef bei der Deutschen Telekom AG, kündigt an, die Doping-Bekämpfung im Radsport in den nächsten drei Jahren mit 1,2 Millionen DM zu unterstützen und die Fahrer des Teams fünfmal zusätzlich zu kontrollieren.

10. September: Richard Virenque, der ehemalige Bergkönig der Tour, soll den französischen Radsport-Präsidenten Daniel Baal am Telefon massiv bedroht haben: »Ich werde Sie persönlich in den Dreck ziehen, falls Sie mich bestrafen.« Laurent Jalabert bezeichnet die Mediziner der UCI als »halbe Draculas und Neo-Nazis«.

12. September: Christine und Eric Paranier, ein Apotheker-Ehepaar aus Veynes in den französischen Alpen, werden vorläufig festgenommen. Ihnen wird vorgeworfen, Willy Voet mit Doping-Präparaten versorgt zu haben.

17. September: Jeff D'Hont, Masseur bei La Française des Jeux und vorher bei Telekom, muß noch länger in Untersuchungshaft bleiben. Gegen ihn wird ein Untersuchungsverfahren eingeleitet.

21. September: Dr. Giorgio Santili, der Leiter des Doping-Labors in Rom, wird abgesetzt. Er soll Doping-Analysen nachlässig betrieben haben.

21. September: Willy Voet gibt sein erstes Interview. In *Het Laatste Nieuws* äußert er sein Erstaunen über die Unschuldsbeteuerungen von Virenque und beschreibt detailliert, wie der Mannschaftsarzt Infusionen vorgenommen hat.

24. September: Orlando Maini, einer der Sportlichen Leiter der Pantani-Mannschaft Mercatone Uno, gerät unter Verdacht. Bei einer Hausdurchsuchung beschlagnahmt eine Spezialeinheit der italienischen Carabinieri verbotene Medikamente.

25. September: Daniel Clavero und Juan Carlos Dominguez, zwei spanische Profis werden von der Spanien-Rundfahrt ausgeschlossen. Sie haben einen zu hohen Anteil roter Blutkörperchen, der auf EPO zurückzuführen sein könnte.

30. September: Peter Farazijn, jetzt bei Lotto, früher bei Telekom, gerät in die Schlagzeilen. Bei Lotto seien schon im Dezember 1997 verbotene Substanzen gefunden worden.

VOR DER TOUR 1999

13. Januar: Carsten Wolf, ein erfolgreicher Bahnfahrer, wird beim Doping mit dem Anabolikum Nandrolon erwischt. Er gibt das Ende seiner Karriere bekannt.

29. Januar: Antonio Fusi, Technischer Leiter der Nationalmannschaft Italiens, wird verhaftet. Ihm wird der Handel mit verbotenen Substanzen vorgeworfen. Insgesamt werden 15 Trainer, Fahrer und Funktionäre von der Justiz verhört.

3. Februar: 22 Amateur-Rennfahrer im Alter zwischen 18 und 35 Jahren beginnen in Australien einen Testversuch mit EPO. Wissenschaftler der Universität Adelaide wollen dadurch ein Nachweismittel für EPO entwickeln.

26. Februar: Bruno Roussel wirft der Szene eine »Mauer des Schweigens« vor. Er selbst wird für fünf Jahre gesperrt.

17. März: Bjarne Riis, Tour-Sieger von 1996, und Abraham Olano, Weltmeister von 1995, werden in Bologna vier Stunden lang von der Staatsanwaltschaft vernommen.

26. März: Ein dänischer Fernsehjournalist wird von der spanischen Polizei im Mannschaftshotel des Teams Telekom verhaftet. Er hatte während der Katalanischen Woche in Barcelona unter anderem das Zimmer von Bjarne Riis durchstöbert. Der TV-Reporter präsentierte kurz vorher in einer Fernsehsendung in Dänemark leere Spritzen und Tablettenreste, die er in Fahrer-Hotels eingesammelt hatte.

1. April: Das Mapei-Team wird während der dritten Etappe der Drei Tage von Panne vorläufig festgenommen, aber abends wieder freigelassen. Hintergrund war ein Päckchen, das der Pfleger Tiziano Morassut über den Flughafen Brüssel an den Vater von Ex-Profi Gianni Bugno schicken wollte.

12. April: Pascal Lino wird von seinem Team Big Mat intern für zwei Monate gesperrt und muß eine hohe Geldstrafe zahlen. Er hat sich hinter dem Rücken des Teamarztes Medikamente besorgt und damit gegen die »nationale Ethik-Charta« verstoßen.

13. April: Michele Bartoli, der italienische Weltcup-Sieger von 1997 und 98, wird in Kortrijk stundenlang wegen der Ermittlungen gegen seinen Pfleger Morassut verhört.

15. April: Tiziano Morassut wird nach 13 Tagen Untersuchungshaft wieder entlassen.

19. April: Richard Virenque, inzwischen beim Polti-Team beschäftigt, wird in Lille 75 Minuten lang von Richter Patrick Keil verhört. Dabei behauptet er: »Ich habe nicht gedopt.«

20. April: Die *L'Equipe* veröffentlicht einen medizinischen Bericht mit den Hämatokrit-Werten aller Festina-Fahrer. Das bestätigt den Verdacht, daß auch Virenque mit EPO gearbeitet hat.

27. April: Der Radsport-Weltverband UCI beschließt Blutkontrollen aller Fahrer vor den drei großen Rundfahrten Giro, Tour und Vuelta.

1. Mai: Alex Zülle, Laurent Dufaux, Laurent Brochard, Pascal Hervé dürfen nach ihrer sechsmonatigen Sperre wieder Rennen bestreiten. Sie hatten beim Doping-Skandal um Festina bei der Tour de France die Einnahme verbotener Mittel gestanden.

9. Mai: Frank Vandenbroucke, der Führende im Weltcup, und sein Cofidis-Kollege Philippe Gaumont werden von ihrem Team vorläufig suspendiert. Sie wurden von der Pariser Polizei unter dem Verdacht verhaftet, gegen das Drogen-Gesetz verstoßen zu haben.

9. Mai: Bernard Sainz, ein Pariser Pferdehändler, wird festgenommen. Er wirkt seit dreißig Jahren in der Radsport-Szene und soll gemeinsam mit dem Anwalt Bertrand Lavelot diverse Fahrer und Teams mit Dopingmitteln versorgt haben. In seiner Wohnung werden medizinische Präparate wie EPO, beträchtliche Geldsummen und Disketten mit Fahrerinformationen gefunden.

10. Mai: Hein Verbruggen, Präsident des Radsport-Weltverbandes, wird in Lille in Polizeigewahrsam genommen. Ihm wird Vertuschung vorgeworfen. Verbruggen wird nach einem Tag wieder freigelassen.

11. Mai: Richard Virenque bestreitet bei einer erneuten Befragung vor dem Staatsanwalt in Lille die Einnahme von Dopingsubstanzen. Die Nachricht, Virenque habe gestanden, wird kurze Zeit später von seinem Anwalt dementiert.

14. Mai: Nicola Loda (Italien) und Javier Ochoa (Spanien) werden vor dem Start des Giro mit einem unerlaubt hohen Hämatokritwert ermittelt. Sie dürfen nicht antreten. 162 Fahrer mußten sich erstmals vor einer großen Rundfahrt zur Blutkontrolle einfinden.

18. Mai: Willy Voet, ehemaliger Pfleger des Festina-Teams, bleibt bei seiner Behauptung, daß Richard Virenque eine aktive Rolle beim Doping-Mißbrauch im Radsport gespielt hat. Voet muß in Lille zum wiederholten Mal vor Richter Patrick Keil aussagen. Bei einer Gegenüberstellung von Voet und Virenque kommt es zu lautstarken Beschimpfungen im Gerichtssaal.

22. Mai: Bertrand Lavelot, der Anwalt und Vertraute von Richard Virenque, gerät immer stärker unter Verdacht. In seinem Pariser Büro werden diverse Substanzen wie Anabolika und Corticoide gefunden.

23. Mai: Der Radsport-Weltverband UCI will dem italienischen NOK Dopingkontrollen während des Giro d'Italia verbieten. Vorher haben die Fahrer um Vorjahressieger Marco Pantani einen Boykott angekündigt, nachdem drei Mannschaften überraschend kontrolliert wurden.

24. Mai: Mario Cipollini mit seinem Saeco-Team verweigert genauso wie Polti, Lampre und Riso Scotti die Kontrolle ihrer Blutwerte beim Giro. Nur die Mapei-Mannschaft spricht sich für strenge Kontrollen aus und wird dafür von Fahrern wie Marco Pantani beschimpft.

5. Juni: Marco Pantani, der Führende beim Giro d'Italia und Sieger der Tour de France 1998, wird einen Tag vor Ende der Rundfahrt gesperrt. Ihm wird ein erhöhter Hämatokritwert von 53 Prozent nachgewiesen, der auf die Einnahme von EPO hinweist.

Hagen Boßdorf